Rainer Feuerlein · Helmut Näpfel

bsv Physik 1

Bayerischer Schulbuch-Verlag · München

bsv Physik

1992
1. Auflage
© Bayerischer Schulbuch-Verlag
Hubertusstraße 4, 8000 München 19
Grafik: Rudolf Ross, Dieter Krahl
Umschlagfoto: Zeta, Düsseldorf (Stockmarket)
Satz und Druck: Tutte Druckerei GmbH, Salzweg-Passau
ISBN 3-7627-3722-3

Vorwort

„Die Mathematik ist das Alphabet,
mit dem Gott die Welt geschrieben hat."
Galileo Galilei (1564–1642)

Im Laufe seiner Geschichte hat der Mensch seine Umwelt immer mehr verändert und ist dabei, sie zu zerstören. Die Grundlage für den fast schon beängstigenden technischen Fortschritt ist die genaue Untersuchung der Erscheinungen und Vorgänge in der Natur. Mit der Beschreibung der Naturerscheinungen und mit der Erforschung der Gesetze, die hinter den Naturerscheinungen stehen, befaßt sich die Physik. Mit seinem physikalischen Wissen über die Natur hat der Mensch aber auch die Chance, umweltbewußtes Handeln zu erlernen und begangene Fehler im Umgang mit der Natur zu erkennen und zu korrigieren.

Warum lernst du Physik? Vielleicht wird sie dir so viel Freude bereiten, daß du einen Beruf ergreifst, der die technische Entwicklung vorantreibt. Aber auch wenn dein Beruf in keinem unmittelbaren Zusammenhang mit der Physik stehen wird, soll dir der Einblick in die Naturgesetze helfen, dich im hoch technisierten Alltag besser zurechtzufinden. Um Gefahren für Leben und Gesundheit richtig einschätzen zu können, mußt du Ursachen und Wirkungen kennen. Außerdem sollst du die Fähigkeit erwerben, dich über naturwissenschaftliche Fragen von öffentlicher Bedeutung selbst zu informieren und dir damit eine sachbezogene Meinung zu bilden. Das lernst du im Physikunterricht, der von diesem Buch begleitet wird.

Um neue Erkenntnisse zu gewinnen, muß man Fragen an die Natur stellen, d. h. Experimente durchführen. Deshalb findest du viele Versuche in diesem Buch. Einen Teil davon (Kennzeichnung V) wird dein Lehrer vorführen, einen anderen Teil (V) darfst du unter seiner Anleitung in der Schule machen. Weitere Versuche kannst du – angeleitet durch rot markierte Aufgaben im Buch (z. B. 3.) – mit einfachen Mitteln zu Hause durchführen. Du wirst bald erkennen, daß du am selbständigen Experimentieren Freude hast, selbstgefundene Zusammenhänge viel leichter verstehst und besser im Gedächtnis behältst.

Der Text des Buches ist ausführlich angelegt, damit du alles gut verstehst und auch versäumten Unterricht selbständig nacharbeiten kannst. Zum Vorbereiten auf Prüfungen solltest du wie folgt vorgehen: Lerne zunächst den Inhalt des Schulheftes, und lies unverstandene Abschnitte im Buch nach. Verschaffe dir dann an Hand des Buches noch einmal einen Überblick. Sollte aber deine Unterrichtsmitschrift zu dürftig sein, so fertige dir einen knappen Auszug aus dem Buch an: Schreibe nicht nur die Begriffserklärungen zu den schräg gedruckten Wörtern und die rot eingerahmten Ergebnisse heraus, sondern auch kurz die Gedankengänge und wichtige Lösungsansätze der Aufgaben. Studiere auch noch einmal die Musteraufgaben im Buch.

Freude an der Physik und viel Erfolg wünschen dir

Fürth, im Mai 1992　　　　　　　　　　　　　　　　Rainer Feuerlein · Helmut Näpfel

Inhaltsverzeichnis

Exemplarische Einführung in die Physik

1. **Optische Phänomene** 5
1.0. Was ist „Physik"? 6
1.1. Die Camera obscura 6
1.2. Der entscheidende Schritt zur
     modernen Kamera 8

2. **Elektrische Phänomene** 11
2.1. Der elektrische Strom 12
2.2. Die Wirkungen des elektrischen Stromes ... 17
2.3. Der elektrische Strom als fließende Ladung .. 21

3. **Akustische Phänomene** 23
3.1. Schallerzeugung und Schallausbreitung 24
3.2. Der Schwingungsvorgang und seine Messung 26
3.3. Messung von Schallschwingungen 30
3.4. Unser Vorgehen 34

Einführung in die Mechanik

4. **Kräfte und ihre Wirkungen** 35
4.1. Die Geschwindigkeit 36
4.2. Die Kraft – Das Trägheitsgesetz 41
4.3. Das Kräftegleichgewicht 43
4.4. Kraftmessung 45
4.5. Kraft und Verformung –
     Das Hookesche Gesetz 47
4.6. Zusammensetzung und Zerlegung von Kräften 50
4.7. Der Hebel 54
4.8. Der Schwerpunkt 58
4.9. Kräfte am Flaschenzug 59

5. **Masse und Dichte** 61
5.1. Die Schwerkraft 62
5.2. Die Masse 64
5.3. Die Dichte 68

6. **Der Druck in Flüssigkeiten und Gasen** .. 71
6.1. Der Stempeldruck 72
6.2. Der Schweredruck 75
6.3. Der Auftrieb 79

Anhang:
Aufgaben zur Vertiefung der Mechanik 85

Wort- und Zeichenerklärungen 91
Sachverzeichnis 92

Hinweis: Ein Stern* hinter einem Wort verweist auf die Worterklärungen auf Seite 91.

1. Optische Phänomene

6.1 Eine der ältesten deutschen Fotografien: die Frauenkirche in München, 1839 (Negativ auf Chlorsilberpapier)

6.2 Lochkamera

1.0. Was ist „Physik"?

Physik ist eine Naturwissenschaft. Die Physik* befaßt sich mit der Beschreibung der Naturerscheinungen und mit der Erforschung der Gesetze, die hinter den Naturerscheinungen stehen. Sie hat sich zu einer Wissenschaft mit vielen Teilgebieten entwickelt. Diese heißen z. B. Mechanik, Optik, Wärmelehre, Elektrizitätslehre, Atomphysik, Elementarteilchenphysik, Festkörperphysik, Astrophysik, Biophysik.

Wir lernen in diesem Buch nur einen bescheidenen Ausschnitt aus dem reichen Wissensschatz der Physik kennen. Wie gelangt die Physik zu ihrem Wissen? Einen ersten Einblick in ihre Arbeitsweise soll uns ein Beispiel aus der Lehre vom Licht, aus der *Optik* * geben.

1.1. Die Camera obscura

Die Lochkamera. In der ersten Hälfte des 19. Jahrhunderts gelangen die ersten Fotografien*: Die Bilder, die eine Kamera lieferte, wurden auf lichtempfindlichem Material festgehalten (Abb. 6.1). Der grundsätzliche Aufbau der Kamera war aber schon dem griechischen Philosophen Aristoteles (384 bis 322 v. Chr.) bekannt. Die Kamera erhielt später den lateinischen Namen *camera obscura* *. Heute sagen wir auch *Lochkamera* dazu. Leonardo da Vinci beschrieb im 15. Jahrhundert, wie man damit naturgetreue Bilder zeichnen kann.

Wie ist diese Kamera aufgebaut? Sehr einfach (Abb. 6.2)! Ein lichtdichter Kasten (z. B. aus Pappkarton) wurde in der Mitte einer Seitenfläche mit einem Loch von etwa 1 mm Durchmesser und auf der Gegenfläche mit einer Mattscheibe versehen (z. B. aus Transparentpapier).

▼ Vor der Lochkamera steht eine brennende Kerze. Auf der Mattscheibe erkennen wir das auf dem Kopf stehende Bild der Kerze (Abb. 6.2). Obskur? Nein, verblüffend!

Wir blasen die Flamme etwas zur Seite und beobachten, daß nicht nur oben und unten, sondern auch die Seiten vertauscht sind. *Das Bild ist auf dem Kopf stehend und seitenverkehrt.*

Wie entsteht das Lochkamerabild? Wir werden diese Frage schrittweise klären. Die Kerze besteht aus vielen leuchtenden Punkten, die Licht aussenden. Wir betrachten zunächst nur einen leuchtenden Punkt.

▼ Eine punktförmige Lichtquelle sendet nach allen Seiten Licht aus. Sie beleuchtet überall die Mattscheibe, die in einem bestimmten Abstand zur Lichtquelle steht. Bringen wir nun zwischen Lichtquelle und Mattscheibe einen Schirm mit einem kleinen Loch, eine *Lochblende*, so ist auf der Mattscheibe nur noch ein kleiner Lichtfleck zu sehen. Im Raum zwischen Loch und Mattscheibe sehen wir aber kein Licht. Schütteln wir mit einem Lappen Kreidestaub dazwischen oder lassen wir das Licht an einem Schirm entlang streifen, wird es sichtbar. Licht können wir nur sehen, wenn es auf Körper trifft. Wir erkennen nun ein geradlinig begrenztes, schmales *Lichtbündel*. Die geradlinige Ausbreitung des Lichts wird in der Natur durch Nebeltröpfchen für uns sichtbar (Abb. S. 5).

▽ Verkleinern wir die Blendenöffnung, so wird das Lichtbündel immer schmäler. Es ähnelt immer mehr einem Strahl. In Gedanken können wir die Blende so verengen, daß nur noch ein geometrischer Strahl übrig bleibt. In Wirklichkeit gibt es aber nur Lichtbündel. Trotzdem wollen wir zur Vereinfachung schmale Lichtbündel durch Strahlen darstellen und von *Lichtstrahlen* sprechen. Ein Lichtbündel stellen wir durch seine begrenzenden Lichtstrahlen dar (Abb. 7.1).

> Das Licht breitet sich geradlinig aus.
> Sehr schmale Lichtbündel stellen wir durch Lichtstrahlen dar.

Wir gehen nun von einem leuchtenden Punkt zu mehreren über: Unser Gegenstand ist eine aus Glasperlen aufgebaute Eins, eine *Perl-Eins*, die durch eine Lampe angestrahlt und zum Leuchten gebracht wird. Die oberste Perle färben wir rot ein, die unterste blau und die am Anfang des Aufstrichs der Eins sitzende grün.

▽ Steht die Perl-Eins der Mattscheibe unmittelbar gegenüber, wird diese von den Perlen überall beleuchtet. Bringen wir die Lochblende dazwischen, sehen wir auf der Mattscheibe das auf dem Kopf stehende, seitenverkehrte Bild der Eins.

Durch das Loch wird aus dem von einer leuchtenden Perle nach allen Richtungen ausgesandten Licht ein schmales Lichtbündel ausgeblendet (Abb. 7.2). Dieses fällt auf die Mattscheibe und erzeugt dort einen gleichfarbigen Lichtfleck. Befindet sich die leuchtende rote Perle oberhalb der Lochhöhe, entsteht auf der Mattscheibe unterhalb der Lochhöhe ein roter Fleck. Befindet sich die blaue Perle unterhalb der Lochhöhe, entsteht oberhalb ein blauer Fleck. Befindet sich die grüne Perle links vom Loch, entsteht rechts ein grüner Fleck. Also entsteht zu den leuchtenden Punkten der Perl-Eins auf der Mattscheibe eine entsprechende Aneinanderreihung von Lichtflecken, allerdings in umgekehrter Reihenfolge. Das heißt: Das Bild gleicht dem leuchtenden Gegenstand – nur sind oben und unten, sowie links und rechts vertauscht.

Eigenschaften des Lochkamerabildes. Wie wirkt sich die Vergrößerung des Loches auf das Bild aus?

▽ Wir ersetzen im letzten Versuch die Blende nacheinander durch Blenden mit wachsendem Lochdurchmesser und beobachten das Bild: Je größer die Öffnung ist, desto lichtstärker (heller) und unschärfer ist das Bild.

Diese Beobachtung ist verständlich: Je größer das Loch ist, desto größer werden die durchfallenden Lichtbündel und damit die Lichtflecke (Abb. 7.3). Je größer die Lichtflecke sind, desto mehr überlappen sie sich gegenseitig. Das vergrößert die Unschärfe.

Wir fassen zusammen:

> Das Lochkamerabild steht auf dem Kopf und ist seitenverkehrt.
> Je größer das Loch ist, desto lichtstärker und unschärfer ist das Bild.

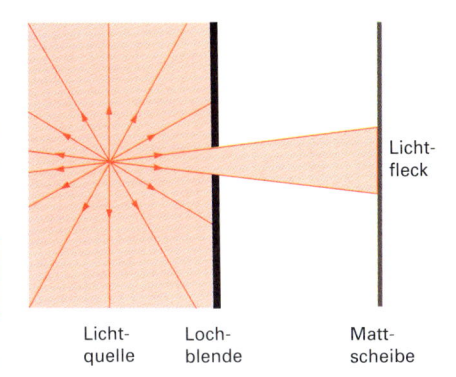

7.1 Geradlinige Lichtausbreitung

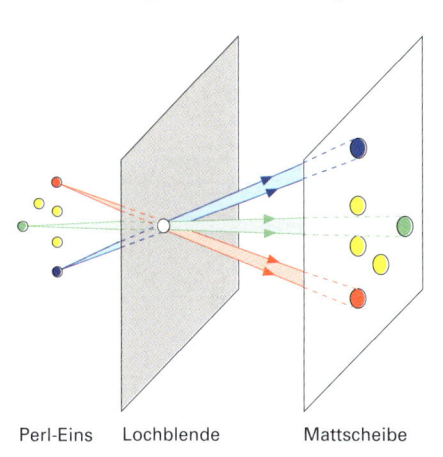

Lichtquelle Lochblende Mattscheibe Lichtfleck

7.2 Entstehen des Lochkamerabildes

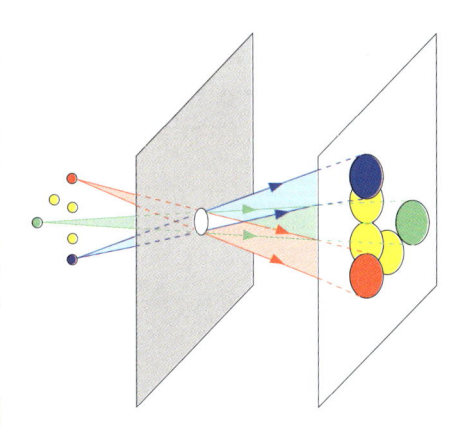

Perl-Eins Lochblende Mattscheibe

7.3 Auswirkung der Blendenöffnung auf das Bild

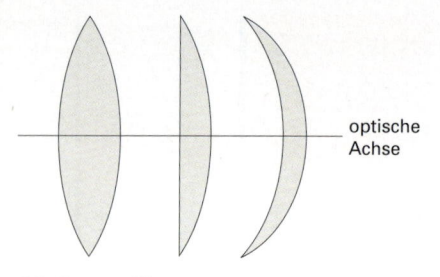

8.1 Sammellinsen

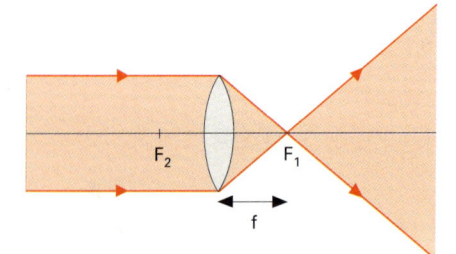

8.2 Brennweite einer Sammellinse

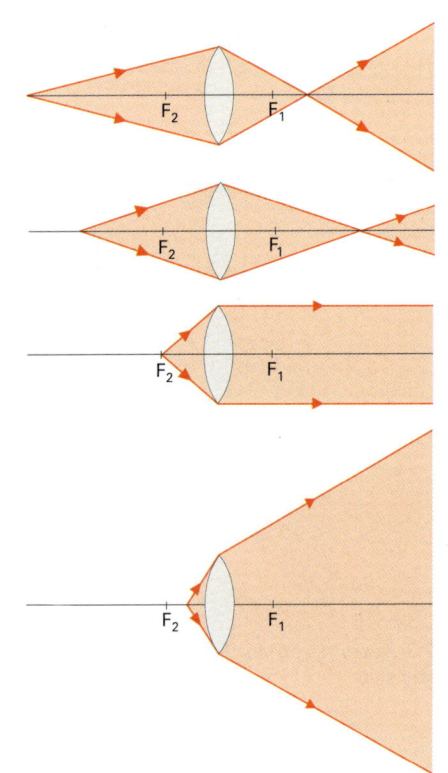

1.2. Der entscheidende Schritt zur modernen Kamera

Der Nachteil der Lochkamera. Je weniger Licht auf lichtempfindliches Fotomaterial fällt, desto länger muß man belichten, bis das Bild aufgezeichnet ist. Je größer man aber zur Erhöhung der Lichtstärke das Loch der Camera obscura wählt, desto unschärfer wird das Bild von vornherein. Ein Lochdurchmesser von $\frac{1}{2}$ bis 1 Millimeter ist sinnvoll. Dann liegt die Belichtungszeit bei Verwendung eines Films zwischen 1 Sekunde und 1 Minute, bei Verwendung von Fotopapier zwischen 1 Minute und 1 Stunde. Die Lochkamera eignet sich also nicht zum Fotografieren bewegter Gegenstände. Dazu bräuchte man eine Kamera mit möglichst großem Loch, bei der die hindurchtretenden Lichtbündel wieder zu Punkten zusammengeführt werden. Ob das eine Sammellinse schafft?

Sammellinsen. Linsenförmige, durchsichtige Körper aus Glas oder Plexiglas, die in der Mitte dicker sind als am Rand, heißen *Sammellinsen* (Abb. 8.1). Die Gerade durch den Linsenmittelpunkt, die senkrecht zur Linsenebene verläuft, nennt man *optische Achse*.

V Lassen wir Sonnenlicht in Richtung der optischen Achse auf eine Sammellinse fallen, so wird es hinter der Linse in einem Punkt gesammelt. Halten wir an seine Stelle einen Streichholzkopf, so entflammt dieser. Der Punkt heißt deshalb *Brennpunkt F**, seine Entfernung vom Linsenmittelpunkt *Brennweite f**.

Mit einem Blatt Papier bestimmen wir den Ort des Brennpunktes. Nun messen wir die Brennweite unserer Linse: $f = 10$ cm. Kehren wir die Linse um, finden wir im gleichen Abstand einen zweiten Brennpunkt (Abb. 8.2).

Den Brennpunkt können wir auch ohne die Sonne bestimmen. Je weiter nämlich eine Lichtquelle von der Linse entfernt ist, desto weniger sind die Randstrahlen gegeneinander geneigt. Die Sonne ist so weit entfernt, daß die Strahlen (nahezu) parallel sind.

V Lassen wir die Strahlen einer ca. 5 m entfernten Glühlampe auf unsere Linse fallen, so werden sie im bekannten Brennpunkt F_1 gesammelt.

Werden auch die von einer punktförmigen Lichtquelle ausgehenden, auf die Linse treffenden Strahlen wieder in einem Punkt gesammelt?

V Wir nähern der Linse eine punktförmige Lichtquelle auf der optischen Achse, lassen dabei das Licht an einem Schirm entlangstreifen und beobachten jeweils die Veränderung des Lichtbündels (Abb. 8.3).

Die Sammellinse sammelt die auftreffenden Lichtstrahlen: Je näher die punktförmige Lichtquelle an die Linse heranrückt, desto mehr öffnet sich das auftreffende Lichtbündel, desto mehr öffnet sich auch das Bündel, das die Linse verläßt. Ist die Lichtquelle weit entfernt, werden die Lichtstrahlen kurz nach dem Brennpunkt F_1 in einem Punkt gesammelt. Beim Annähern der Lichtquelle an die Linse rückt dieser Punkt immer mehr nach außen. Befindet sich die Lichtquelle im Brennpunkt F_2, reicht die „Sammelkraft" schließlich nicht mehr aus, die Strahlen zusammenführen: Sie sind hinter der Linse parallel. Rückt die Lichtquelle noch näher an die Linse heran, laufen die Strahlen hinter der Linse auseinander, allerdings weniger stark als vor ihr.

8.3 Veränderung des Lichtbündels durch eine Sammellinse

> Befindet sich die punktförmige Lichtquelle außerhalb der Brennweite, so werden die Strahlen hinter der Linse wieder in einem Punkt außerhalb der Brennweite gesammelt.

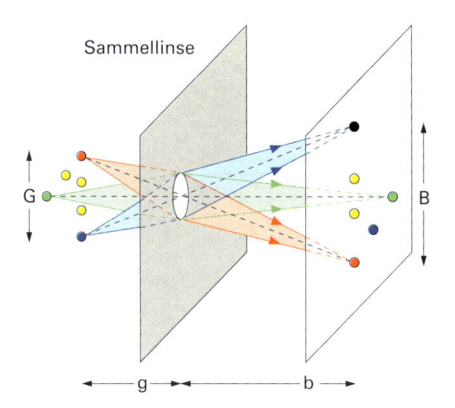

Bilderzeugung durch Sammellinsen. Löst die Sammellinse unser Problem bei der Lochkamera? Schafft sie es, die Lichtbündel, die von den leuchtenden Punkten eines Gegenstandes ausgehen, wieder in einzelnen Punkten zu sammeln?

V Wir ändern den Versuchsaufbau zur Untersuchung des Lochkamerabildes nun etwas ab: Als leuchtenden Gegenstand benützen wir wieder die Perl-Eins. Anstatt der Lochblende verwenden wir jetzt aber eine Linse in einem Halter. Tatsächlich gelingt es uns, in einem ganz bestimmten Abstand hinter der Linse ein scharfes Bild mit der Mattscheibe aufzufangen (Abb. 9.1).

9.1 Entstehen des Sammellinsenbildes

Die Sammellinse führt also auch Bündel, die von Lichtpunkten außerhalb der optischen Achse ausgehen, wieder zu Punkten zusammen.

Den Abstand des leuchtenden Gegenstandes von der Linsenmitte nennt man *Gegenstandsweite g*, den Abstand des scharfen Bildes von der Linsenmitte *Bildweite b*. Wir wissen bereits: Verkleinern wir bis zur Brennweite f die Gegenstandsweite g, so wächst die Bildweite b. Wir interessieren uns dafür genauer:

V Wir verkleinern schrittweise die Gegenstandsweite g der Perl-Eins von unserer Linse der Brennweite $f = 10$ cm, bestimmen jeweils den Ort des scharfen Bildes und messen die zugehörige Bildweite b. Außerdem messen wir die *Gegenstandshöhe G* und jeweils die *Bildhöhe B*. Da wir auf Millimeter genau messen, geben wir alle Werte auf Millimeter genau an, selbst wenn wir dabei Nullen schreiben müssen.

Aus Tab. 9.2 entnehmen wir: Je näher der Gegenstand an die Linse herangeführt wird, desto weiter entfernt sich das Bild von der Linse, wobei es immer größer wird. Weit entfernte Gegenstände werden unmittelbar nach dem Brennpunkt scharf abgebildet. Befindet sich der Gegenstand in der doppelten Brennweite vor der Linse, entsteht das Bild in der doppelten Brennweite hinter der Linse: Gegenstand und Bild sind gleich groß. Führen wir den Gegenstand noch näher heran, ist das Bild vergrößert. Wird die Gegenstandsweite gleich der Brennweite oder kleiner, können wir keine Bilder mehr auffangen.

g in cm	b in cm	G in cm	B in cm
60,0	12,0	2,5	0,5
50,0	12,5	2,5	0,6
40,0	13,3	2,5	0,8
30,0	15,0	2,5	1,3
20,0	20,0	2,5	2,5
15,0	30,0	2,5	5,0
10,0	–	2,5	–

9.2 Gegenstands- und Bildgrößen bei einer Sammellinse ($f = 10$ cm)

> Von einem Gegenstand außerhalb der Brennweite erzeugt eine Sammellinse ein auf dem Kopf stehendes, seitenverkehrtes Bild.
> Ist der Gegenstand
> – weiter als die doppelte Brennweite entfernt, ist das Bild verkleinert,
> – die doppelte Brennweite entfernt, ist das Bild gleich groß,
> – zwischen doppelter und einfacher Brennweite entfernt, ist das Bild vergrößert.

Bereits im 16. Jahrhundert setzte man anstatt der kleinen Öffnung eine Linse in die Camera obscura ein. Damit war der entscheidende Schritt zur modernen Kamera getan. Mit ihrer genauen Funktionsweise werden wir uns später im Verlauf eines längeren Kapitels aus der Optik beschäftigen.

10.1 Neunhofer Schlößchen (Nürnberg)
a) Lochkameraaufnahme (Kameralänge: 135 mm; Lochdurchmesser: 0,53 mm; Belichtungszeit: 8 s)
b) Fotografie mit Sammellinse (Blende 8; Belichtungszeit: 1/125 s)

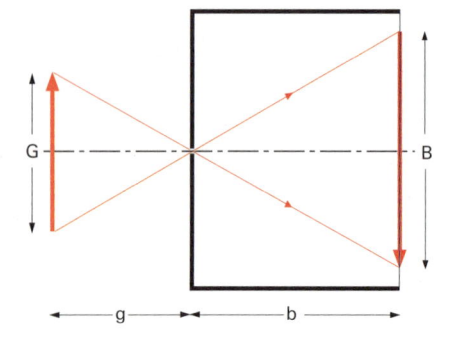

10.2 Bildkonstruktion bei der Lochkamera

Aufgaben

1. *Bau einer Lochkamera*
  a Schneide die Rückwand einer Pappschachtel so aus, daß nur ein schmaler Rand stehen bleibt. Klebe dann mattes, durchscheinendes Papier auf die erhaltene Öffnung. Prüfe, ob die Schachtel sonst lichtdicht ist und verschließe eventuelle „Lichtlecks" mit einem dunklen Klebestreifen. Bohre nun mit einer Nadel ein kleines Loch von etwa 1 mm Durchmesser in die Mitte der Vorderwand. Fertig ist die Lochkamera!
  b Richte die Kamera auf eine helle Landschaft. Vermeide dabei Gegenlicht. Betrachte nun, wie ein Fotograf zu Großelterns Zeiten, unter einem großen dunklen Tuch in etwa 20 cm Abstand die Rückwand der Schachtel! In welche Richtung bewegt sich auf der Mattscheibe das Bild eines Radfahrers, der im Gelände nach rechts fährt?
  c Bohre nun neben das erste Loch in 2 cm Entfernung noch ein zweites von etwa 5 bis 6 mm Durchmesser. Decke beide Löcher abwechselnd ab und beurteile jeweils die Qualität des Bildes auf der Mattscheibe!

2. *Bildvergleich*
Das Schlößchen in Abb. 10.1b wurde mit einer Kamera bei einem Durchmesser der Öffnung von 16.8 mm und einer Belichtungszeit von 1/125 s fotografiert. Dann wurde das Objektiv („die Sammellinse") durch eine Aluminiumfolie mit einem Loch des Durchmessers 0,53 mm ersetzt und vom Schlößchen eine Lochkamera-Aufnahme (Abb. 10.1a) gemacht.
  a Erläutere und erkläre die wesentlichen Unterschiede der Bilder!
  b Welches Vielfache des Lochdurchmessers ist der Öffnungsdurchmesser der Kamera? Welches Vielfache der Lochfläche ist die Öffnungsfläche der Kamera? (Kreisfläche $A = 3{,}14 \cdot r^2$)
  c Welches Vielfache der Belichtungszeit der Kamera ist die der Lochkamera?
  d Vergleiche die Ergebnisse von b) und c)! Wie läßt sich das verstehen?

3. *Gegenstandshöhe und Bildhöhe*
Der Abstand des Gegenstandes vom Loch der Kamera heißt *Gegenstandsweite g*, der Abstand des Bildes vom Loch (Kameralänge!) *Bildweite b*. Die *Gegenstandshöhe* bezeichnet man mit G, die *Bildhöhe* mit B.
  a Übertrage Abb. 10.2 auf kariertes Papier ($b = 4$ cm, $G = 2$ cm). Wähle nun als Gegenstandsweiten $g = 8$ cm, 6 cm, 4 cm, 2 cm, und bestimme mit Hilfe der Randstrahlen jeweils das Bild. Miß zu jedem Fall B!
  b Wann ist bei einer Lochkamera die Bildhöhe B gleich der Gegenstandshöhe G, wann ist $B < G$, wann ist $B > G$? Begründung!

4. *Die Leselupe* als Brennglas*
  a Nimm eine Leselupe, und bestimme mit Sonnenstrahlen ihre Brennweite f!
  b Öffne ein Fenster. Stelle dich, damit es nicht zu hell ist, ein paar Meter vom Fenster entfernt auf. Bilde die Landschaft außerhalb des Fensters mit der Lupe scharf auf ein Blatt Papier ab. Miß die Bildweite b. Vergleiche f und b!

5. *Die Entfernungseinstellung einer Kamera*
Das Objektiv* („die Sammellinse") einer Kamera habe die Brennweite $f = 10$ cm (Vergl. Tab. 9.2). Durch Vor- und Zurückschrauben des Objektivs in einem Gewinde kann die Bildweite geändert werden, bis der Gegenstand scharf auf den Film abgebildet ist.
  a Ist bei der Einstellung auf einen „unendlich" weit entfernten Gegenstand das Objektiv ganz hinein- oder herausgeschraubt? Wie groß ist in diesem Fall die Bildweite b?
  b Jemand will nun einen 60 cm entfernten Gegenstand aufnehmen. Muß er dazu das Objektiv heraus- oder hineinschrauben? Um wie viele Millimeter?
  c Jemand nähert sich einem Gegenstand um jeweils gleich große Strecken und stellt jeweils scharf ein. Muß er dazu das Objektiv jeweils um gleich viel drehen? Ist die Entfernungsskala eines Objektivs gleichmäßig geteilt?

2. Elektrische Phänomene

12.1 Batterien

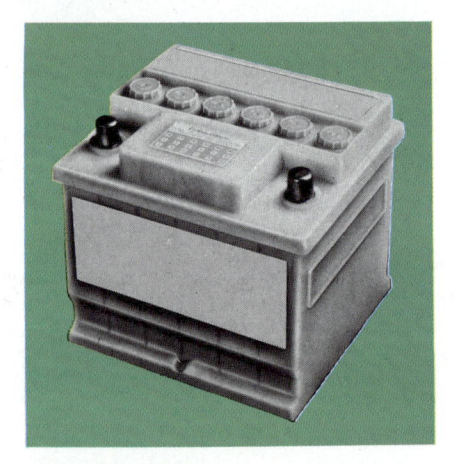

12.2 Akkumulator

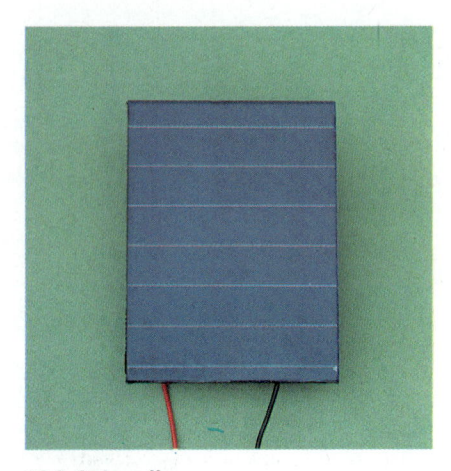

12.3 Solarzelle

2.1. Der elektrische Strom

Bedeutung der Elektrizität. „Der Tag muß kommen, an dem die Elektrizität für jeden da ist", schrieb im Jahre 1901 der französische Schriftsteller Emile Zola. Das 20. Jahrhundert hat sich tatsächlich als das Zeitalter der *Elektrizität* erwiesen. Viele elektrische Geräte, wie die Glühlampe, das Radio, der Fernsehapparat, der Elektroherd, die Waschmaschine, der Kühlschrank, das Telefon, die Eisenbahn, der Computer usw. sind aus unserem Leben nicht mehr wegzudenken.

Der *elektrische Strom* ist somit für den Menschen nützlich. Er kann ihm aber auch gefährlich werden. So erfahren wir von Unfällen mit Geräten, die an der Netzsteckdose angeschlossen sind. In der freien Natur treffen wir gelegentlich auf hohe Gittermasten mit der warnenden Aufschrift „Vorsicht Hochspannung Lebensgefahr". Die Leitungen in luftiger Höhe führen den elektrischen Strom vom Elektrizitätswerk zu den Städten, wo wir in Fabriken oder in unseren Wohnungen Maschinen oder Geräte mit dem elektrischen Strom betreiben.

Auch der Blitz beim Gewitter (Abb. S. 11) ist eine elektrische Erscheinung. Schon vor über 200 Jahren wurde der Blitzableiter erfunden, um elektrische Ströme in die Erde zu leiten und dadurch unschädlich zu machen. Die ersten Blitzableiterversuche waren lebensgefährlich und endeten für manche tödlich. Es gibt aber auch harmlose Blitze: Ungefährliche Funken springen über, wenn man z. B. einen Pulli aus Kunstfaser rasch auszieht. Neben einem Knistern nehmen wir manchmal ein leichtes Piken auf der Haut und im Dunkeln schwache Lichtblitze wahr.

Wir werden Experimente mit dem elektrischen Strom durchführen. Um der oft tödlichen Wirkung der Elektrizität, dem *elektrischen Schlag*, zu entgehen, mußt du aber folgendes streng beachten:

Zu Hause nur mit Taschenlampenbatterien experimentieren!

Der geschlossene Stromkreis. Wenn wir ein elektrisches Gerät, z. B. eine Glühlampe, einschalten, sagen wir: Der *elektrische Strom* wird eingeschaltet. Bei der Bezeichnung „Strom" benützt man die Vorstellung, daß etwas strömt oder fließt. Da wir den elektrischen Strom nicht sehen können, sind wir – wie Kriminalisten – auf Indizien angewiesen, die belegen, daß etwas strömt.

Der Ursprung eines Baches oder Flusses ist die Quelle. Wenn elektrischer Strom fließen soll, muß ebenfalls eine „Quelle" vorhanden sein. Die wichtigste *Stromquelle* zu Hause ist die *Netzsteckdose*, die über Erdkabel und Freileitungen mit dem Elektrizitätswerk verbunden ist.

Daneben gibt es Stromquellen, die vom elektrischen Versorgungsnetz unabhängig sind: *Batterien* (Abb. 12.1). Wie ein Vorratsbehälter nur eine gewisse Wassermenge enthält, haben auch Batterien nur einen beschränkten „Vorrat an Elektrizität". Eine wieder „aufladbare" Batterie, wie sie z. B. zum Anlassen des Automotors verwendet wird, heißt auch *Akkumulator** oder kurz *Akku* (Abb. 12.2). Eine ganz andere Art von Stromquelle ist z. B. in modernen Taschenrechnern eingebaut: Diese ist nur wirksam, wenn Licht auf sie fällt, und heißt deshalb *Solarzelle** (Abb. 12.3).

Jede Stromquelle hat zwei Anschlußstellen, die *Pole* genannt werden. Beachte: Die Pole der Stromquelle haben nichts mit den Polen eines Magneten zu tun! –

Auch alle elektrischen Geräte besitzen zwei Anschlüsse. Wollen wir ein Glühlämpchen mit einer Batterie zum Leuchten bringen, benötigen wir außerdem noch biegsame „Leitungen" aus Metalldrähten oder Blechstreifen.

V Verbindet man einen Pol der Batterie mit einer Anschlußstelle der Glühlampe, so „brennt" diese nicht. Sie leuchtet nur, wenn der eine Pol der Batterie mit der einen Anschlußstelle der Lampe und der zweite Pol mit der anderen Anschlußstelle der Lampe verbunden ist (Abb. 13.1).

Ein elektrischer Strom fließt nur, wenn der Stromweg von einem Pol der Batterie entlang den Leitungen und durch das elektrische Gerät hindurch ohne Unterbrechung zum anderen Pol führt. Diesen geschlossenen Stromweg bezeichnet man als *geschlossenen Stromkreis*. Wird in den Stromkreis ein *Schalter* eingebaut, so kann damit der Stromkreis nach Bedarf geschlossen oder unterbrochen werden.

Wir halten fest: Aus dem Leuchten der Glühlampe folgern wir, daß der Stromkreis geschlossen ist und demzufolge ein elektrischer Strom fließt. Wir werden daher in Experimenten die Glühlampe häufig zur Stromanzeige, also als *Stromnachweisgerät* benützen ("Glühlampentest").

Auf den ersten Blick scheint sich die elektrische Stromversorgung von der Wasserversorgung zu unterscheiden: Das Wasser wird nur mit einer Leitung ins Haus geliefert. Bei näherem Hinsehen erkennt man aber, daß das Schmutzwasser über Entwässerungsrohre abfließt. Durch Verdunstung und Niederschläge in der Natur wird der Kreislauf auch beim Wasser geschlossen.

„Strom" bedeutet Transport; d. h., es bewegt sich etwas weiter. Unterbricht man beispielsweise einen Wasser- oder Verkehrsstrom, so hört der Transport auf. Das gleiche Verhalten zeigt der elektrische Stromkreis. Wir werten es als erstes Indiz für die Stromvorstellung.

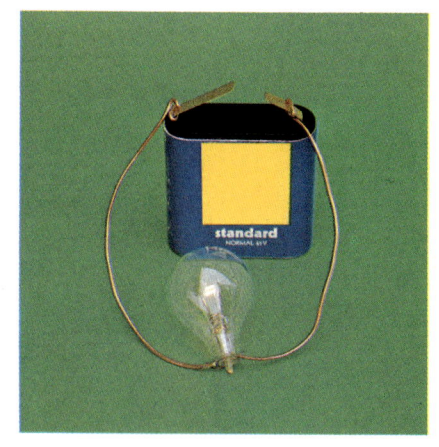

13.1 Geschlossener Stromkreis

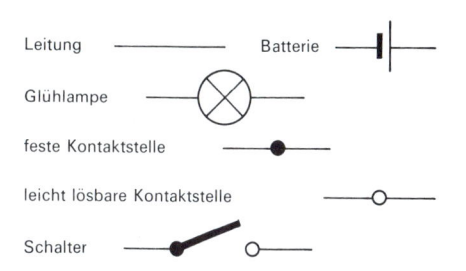

13.2 Schaltsymbole

Ist der Stromkreis geschlossen, so fließt in ihm ein elektrischer Strom.

Unterbricht man den Stromkreis, erlischt die Glühlampe.
Die Glühlampe ist ein einfaches Stromnachweisgerät.

Zur übersichtlichen Darstellung elektrischer Anordnungen benützt man für Batterien, Leitungen, Glühlampen, Schalter usw. einheitlich vereinbarte Symbole (Abb. 13.2). Die Darstellung eines elektrischen Stromkreises mit diesen Symbolen heißt *Schaltbild* des Stromkreises (Abb. 13.3). Damit ein solches Schaltbild besser überschaubar wird, stellt man die Leitungen geradlinig und mit rechten Winkeln an den Ecken dar.

Leiter – Isolator. Die elektrischen Leitungen bestehen meist aus Kupferdrähten, die mit Kunststoff umhüllt sind. Durch den Kupferdraht kann elektrischer Strom fließen. Stoffe, durch die Strom fließen kann, heißen *Leiter*; Stoffe, durch die er nicht fließen kann, heißen Nichtleiter oder *Isolatoren**. Der Kunststoff, der den Kupferdraht der elektrischen Leitung umgibt, ist ein Isolator.

V Wir untersuchen, welche festen Stoffe Leiter bzw. Isolatoren sind. Dazu unterbrechen wir den Stromkreis. Die beiden freien Leiterenden nennt man *Elektroden**. Wir überbrücken diese mit Körpern aus dem zu untersuchenden Stoff. Ein Glühlämpchen zeigt uns an, ob Strom fließt (Abb. 13.4).

13.3 Schaltbild eines geschlossenen Stromkreises

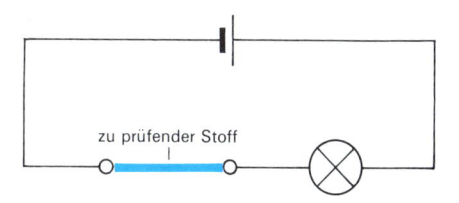

13.4 Schaltung zur Prüfung der Leitfähigkeit

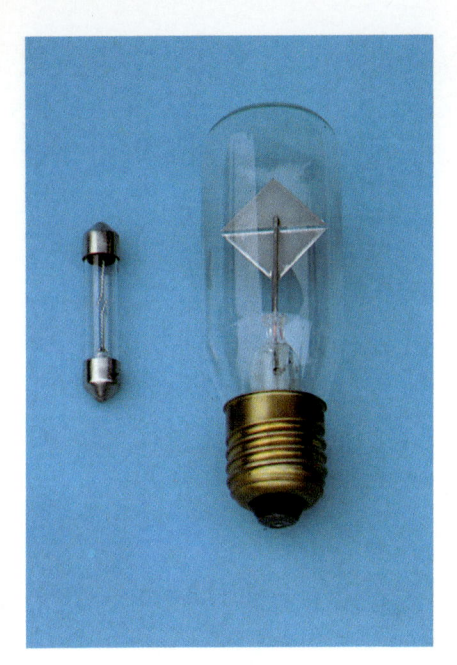

14.1 Stab- und Dreiecksglimmlampe

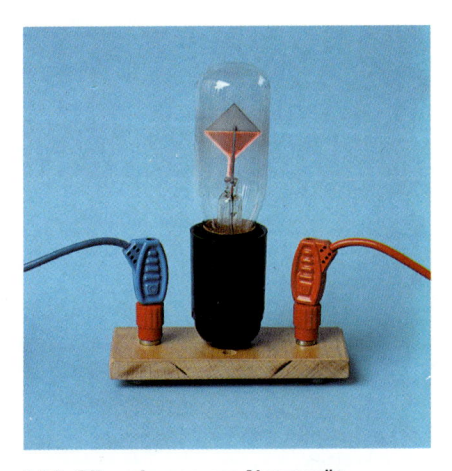

14.2 Glimmlampe am Netzgerät

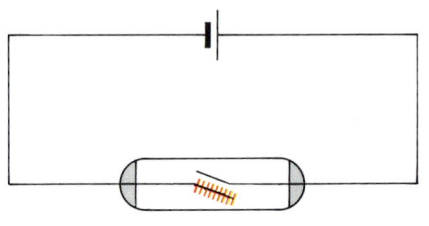

14.3 Die Verschiedenartigkeit der Pole

Wir stellen fest: Metalle (Kupfer, Eisen, Aluminium usw.) und Kohle sind Leiter. Glas, trockenes Holz, Porzellan, Kunststoffe und Gummi sind Isolatoren.

▽ Wir untersuchen Füssigkeiten auf ihre Leitfähigkeit hin. Dazu tauchen wir die beiden Elektroden in ein Glas mit der zu prüfenden Flüssigkeit ein. Mit einem Glühlämpchen testen wir wieder, ob Strom fließt. Ist im Glas Leitungswasser, so läßt sich kein Strom nachweisen. Wir können das Lämpchen aber zum Leuchten bringen, wenn wir etwas Kochsalz oder Säure (Vorsicht!) ins Wasser geben.

▽ Lehrerversuch! *Lebensgefährlich*!
Als Stromquelle benutzen wir jetzt anstatt der Batterie die „stärkere" Steckdose und überprüfen die Leitfähigkeit von Leitungswasser ein zweites Mal. Nun leuchtet das Lämpchen auch ohne Zusatz von Kochsalz auf.

Leitungswasser hat also eine mäßige Leitfähigkeit. Aber auch die Batterie treibt schon einen Strom durch normales Leitungswasser: Er ist jedoch so schwach, daß unser Lämpchen noch nicht anspricht; der „Glühlampentest" versagt.

Wässerige Lösungen von Salzen und Säuren sind Leiter. Destilliertes (reines) Wasser ist ein Isolator.

▽ Lehrerversuch!
Wir untersuchen die Leitfähigkeit von Gasen. Dazu benützen wir eine mit dem Gas Neon gefüllte Glasröhre, in die zwei Metallelektroden hineinragen. Eine solche „Miniaturneonlampe" heißt *Glimmlampe* (Abb. 14.1). Wir schließen sie an ein *Netzgerät* (eine Stromquelle regelbarer „Stärke") an (Abb. 14.2). Erst bei einer bestimmten Einstellung des Netzgerätes beginnt die Glimmlampe plötzlich rötlich zu leuchten. Jetzt leitet das Gas zwischen den Elektroden.

Gase werden offenbar erst unter gewissen Umständen zu mäßigen Leitern. Genaue Untersuchungen zeigen:

> Alle Stoffe lassen sich nach ihrer Leitfähigkeit ordnen: Es gibt sehr gute Leiter (Metalle, Kohle, wässerige Lösungen von Salzen und Säuren), mäßige Leiter (Leitungswasser, nasses Holz, feuchte Erde, der menschliche Körper, Gase unter gewissen Bedingungen) und Isolatoren (Glas, Porzellan, Kunststoffe, destilliertes Wasser, Gase normalerweise).

Gleich- und Wechselstromquellen. Wir untersuchen Stromquellen mit der Glimmlampe.

▽ Eine Dreiecksglimmlampe(!) wird an die beiden Pole eines Netzgerätes angeschlossen. Es leuchtet nur eine Elektrode (Abb. 14.3). Vertauscht man die Anschlüsse, so leuchtet nur die andere Elektrode. – Genauer betrachtet leuchtet das Gas in der Umgebung der einen Elektrode, die von einer „Glimmhaut" überzogen ist.

Die beiden Pole der Stromquelle sind also verschiedenartig. Der Pol, der mit der leuchtenden Elektrode verbunden ist, heißt *Minuspol*, der andere *Pluspol*.

▽ Schließt man die Dreiecksglimmlampe an eine Netzsteckdose an, so leuchten beide Elektroden. Hat die Steckdose zwei Minuspole?

V Wir bewegen die Glimmlampe, die durch lange Leitungen an die Steckdose angeschlossen ist, im dunklen Physiksaal schnell hin und her. Wir erkennen, daß beide Elektroden nicht gleichzeitig, sondern abwechselnd leuchten (Abb. 15.1). Die Pole der Steckdose wechseln: Während einer Sekunde ist jeder Pol 50mal Minus- und 50mal Pluspol. Man spricht deshalb von einer *Wechselstromquelle*. In Schaltbildern stellt man sie durch zwei leicht lösbare Kontaktstellen (Steckdose) und eine Schlangenlinie zur Andeutung des Polwechsels dar (Abb. 15.2).

Die Pole eines Netzgerätes oder einer Batterie wechseln nicht. Man nennt eine Stromquelle ohne Polwechsel deshalb auch eine *Gleichstromquelle*. Ihre Pole sind mit „−" und „+" gekennzeichnet. In ihrem Schaltzeichen bedeutet der kurze dicke Strich den Minuspol, der lange dünne Strich den Pluspol (Abb. 15.2).

Mit einer Glimmlampe kann man also nicht nur testen, ob Strom fließt, sondern auch feststellen, ob der Pol einer Stromquelle Minuspol, Pluspol oder abwechselnd beides ist ("Glimmlampentest").

Betrachten wir einen Flüssigkeitsstrom, der an einer Stelle entspringt und an einer anderen Stelle verschwindet, so fällt auch hier das unterschiedliche Verhalten dieser beiden Stellen auf. Es ist also ein Merkmal für einen Strom. Die Verschiedenartigkeit der Pole einer Stromquelle ist folglich ein weiteres Indiz für die Stromvorstellung.

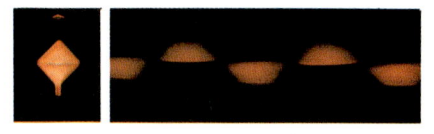

15.1 Glimmlampe an der Netzsteckdose

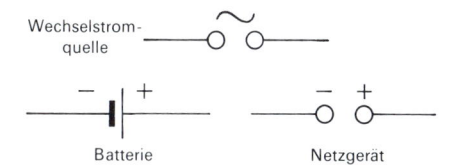

15.2 Schaltzeichen für Stromquellen

15.3 Stabtaschenlampe

Aufgaben

1. Gib elektrische Geräte an, die
   a an Batterien, **b** am öffentlichen Versorgungsnetz und **c** an Solarzellen betrieben werden!

2. *Die Taschenlampe*
   a Zerlege eine Stabtaschenlampe (Abb. 15.3). Nenne ihre wichtigen Teile, die für den Aufbau eines Stromkreises notwendig sind!
   b Zeichne ein vereinfachtes Schnittbild der Taschenlampe, und trage den Stromweg mit Farbe ein!
   c Beschreibe den Stromweg mit Worten! Welche Besonderheit in der Stromführung liegt vor?

3. *Die Fahrradbeleuchtung*
   Bei einem Fahrrad ist der „Dynamo" die Stromquelle für die Beleuchtungsanlage. Der Scheinwerfer und die Schlußleuchte sind mit je einem Glühlämpchen ausgerüstet.
   a Suche an deinem Fahrrad die Pole der Stromquelle.
   b Verfolge die Leitungen vom Dynamo bis zum Scheinwerfer bzw. zur Schlußleuchte. Überlege, wie für den Scheinwerfer bzw. die Schlußleuchte ein geschlossener Stromkreis zustandekommt.
   c Fasse deine Beobachtungen und Feststellungen in einem kurzen Bericht zusammen.

4. *Glimmlampenexperimente*
   Mit zwei gleichartigen Glimmlampen G_1 und G_2 werden Versuche durchgeführt: In einem ersten Versuch leuchtet bei G_1 die obere Elektrode und bei G_2 die untere Elektrode. In einem zweiten Versuch leuchten beide Elektroden von G_1 und G_2.
   a Zeichne zu jedem Versuch ein geeignetes Schaltbild!
   b Beschreibe jeweils, wie der elektrische Strom fließt, und erkläre damit das Leuchtverhalten der Glimmlampen!

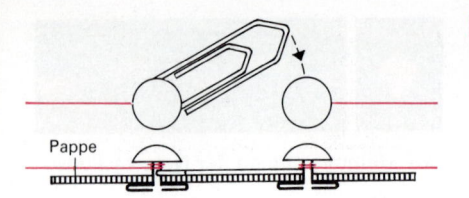

16.1 Zu Aufgabe 5c

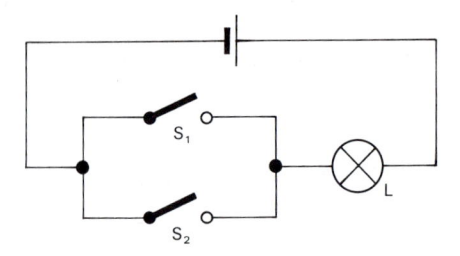

16.2 ODER-Schaltung

16.3 Wechselschalter (mit 3 Anschlüssen und den beiden möglichen Schalterstellungen 0 und 1)

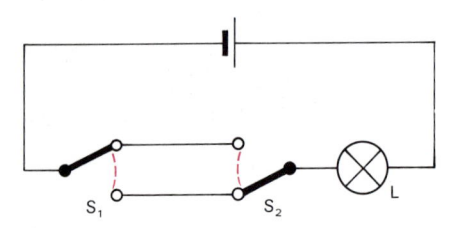

16.4 Wechselschaltung

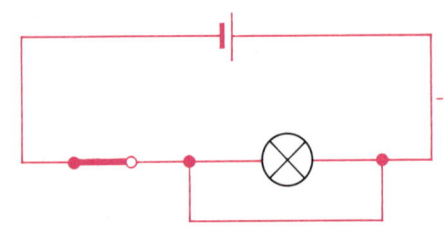

16.5 Kurzschluß

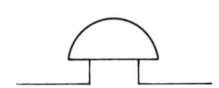

16.6 Schaltzeichen für eine Klingel

5. *Die UND-Schaltung.*
Ein Stromkreis aus einer Stromquelle, einer Lampe L und einem Schalter S_1, enthält noch einen zweiten Schalter S_2: Der Stromkreis kann also an zwei verschiedenen Stellen unterbrochen werden. Die Lampe L leuchtet nur, wenn S_1 *und* S_2 geschlossen sind.
a Zeichne das Schaltbild! **b** Die folgende Tabelle erfaßt alle Schaltzustände:

S_1	0	0	1	1
S_2	0	1	0	1
L				0

In der Zeile für S_1 bzw. S_2 bedeutet: 0 = der Schalter ist geöffnet, 1 = der Schalter ist geschlossen. In der Zeile für L bedeutet: 0 = die Lampe leuchtet nicht, 1 = die Lampe leuchtet. Übertrage die Tabelle in dein Heft und vervollständige sie!
c Mit einer Flachbatterie, einer Glühlampe (Aufschrift 4 V) mit Sockel, dünnem, blankem Draht, 2 Büroklammern und 4 Briefklammern läßt sich die Schaltung wie folgt herstellen: Nimm ein Stück Pappe, und befestige darauf mit einer Briefklammer drehbar die Büroklammer. Ergänze durch das Eindrücken einer zweiten Briefklammer zum Schalter S_1 (Abb. 16.1). Vervollständige die Schaltung und überprüfe ihre Funktionsweise!
d An allen Türen eines Aufzuges sind Schalter angebracht. Ein Aufzug setzt sich nur dann in Bewegung, wenn alle Türen und damit alle Schalter geschlossen sind. Warum wählt man hier eine UND-Schaltung?

6. *Die ODER-Schaltung.*
In einem Stromkreis aus einer Stromquelle, einer Lampe L und einem Schalter S_1 wird eine „Umleitung" um den Schalter S_1 angebracht. Die „Umleitung" enthält einen Schalter S_2 (Abb. 16.2).
a Baue die Schaltung nach Abb. 16.2!
b Entwirf eine Tabelle, die alle Schaltzustände erfaßt!
c Bei welchen Schalterstellungen leuchtet jeweils die Lampe? Warum nennt man diese Schaltung „ODER-Schaltung"?
d Ein Tastschalter einer Klingelanlage befindet sich meistens an der Haustür und ein weiterer an der Wohnungstür. Handelt es sich bei der Klingelschaltung um eine UND- oder um eine ODER-Schaltung?

7. *Die Wechselschaltung.*
Bei einem langen Flur schaltest du an einem Ende eine Lampe ein und am anderen oder wieder am gleichen aus. Zu diesem unabhängigen Ein- und Ausschalten von zwei verschiedenen Stellen benützt man besondere Schalter: Wechselschalter (Abb. 16.3).
a Baue eine Wechselschaltung nach Abb. 16.4 und überprüfe sie!
b Entwirf eine Tabelle, die alle Schaltzustände erfaßt: In den Spalten für die beiden Wechselschalter S_1 und S_2 bedeutet 0 = der Schaltarm zeigt in der Schaltzeichnung nach oben, 1 = der Schaltarm zeigt nach unten.

8. *Der „Kurzschluß".*
Baue aus einer Flachbatterie, einem Schalter und einer Lampe einen geschlossenen Stromkreis auf. Bringe kurzzeitig um die Lampe herum eine sehr gut leitende „Umleitung" (einen sogenannten „Kurzschluß") an (Abb. 16.5). Erkläre deine Beobachtung!

9. Eine Klingelschaltung enthält neben einer Stromquelle, einer Klingel (Abb. 16.6), einem Schalter S_1 an der Haustür und einem Schalter S_2 an der Wohnungstür noch einen Hauptschalter S_3, mit dem die gesamte Anlage außer Betrieb gesetzt werden kann. Zeichne das Satzbild!

2.2. Die Wirkungen des elektrischen Stromes

Wärmewirkung des Stromes. Wir kennen die Wärmewirkung des Stromes bereits von der Glühlampe.

V Ein dünner Metalldraht, der zwischen zwei Stielklemmen aufgespannt ist, wird durch die Wärmewirkung des elektrischen Stromes zunächst verlängert, kommt dann zum Glühen und schmilzt schließlich durch (Abb. 17.1).

Bei ungefähr 500°C beginnen feste Stoffe rot zu glühen; bei rund 1500°C glühen sie weiß. Da Kupfer bei 1080°C und Eisen bei 1500°C schmelzen, eignen sich beide Metalle als Material für Glühdrähte in Glühlampen nicht. Man verwendet dafür Metalle mit einer hohen Schmelztemperatur (Wolfram und Osmium).

Glühende Metalle verbrennen in der Luft. Deshalb füllt man die Glaskolben mit Gasen, die keine Verbrennung ermöglichen (z. B. Stickstoff, Argon, Krypton).

Unter der Lupe erkennen wir, daß der Glühdraht einer Lampe schraubenförmig aufgerollt (gewendelt) ist.

V Ein Stück Heizdraht eines Bügeleisens wird zwischen zwei Stielklemmen eingespannt. Ein Teil bleibt gewendelt, der andere Teil wird „gerade" gezogen. Schließt man eine Stromquelle an, so glüht nur der gewendelte Teil.

Die Wendelung bewirkt, daß sich benachbarte Windungen gegenseitig erwärmen. Dadurch ist die Temperatur des Glühdrahtes höher.

Elektrische Wärmeerzeugung findet unmittelbare technische Nutzung in elektrischen Heizöfen, Kochplatten (Abb. 17.2), Bügeleisen, Waschmaschinen usw., und mittelbare Nutzung in Glühlampen, die dadurch Licht aussenden (Abb. 17.3).

Wird die Temperatur eines Metalldrahtes zu hoch, schmilzt er durch. Man nützt dies zum selbständigen Abschalten aus: Der Schmelzleiter in einer Sicherung schmilzt bei zu starkem Strom durch und unterbricht so den Stromkreis. Auf diese Weise werden Schäden an unkontrollierbaren Stellen des Stromkreises vermieden.

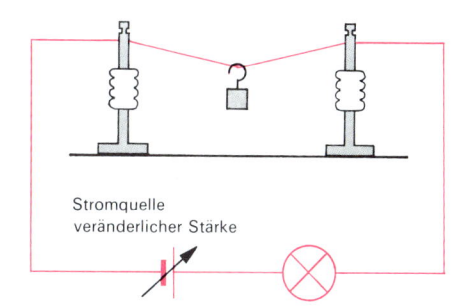

17.1 Wärmewirkung des Stromes

17.2 Heizdraht in einer Kochplatte

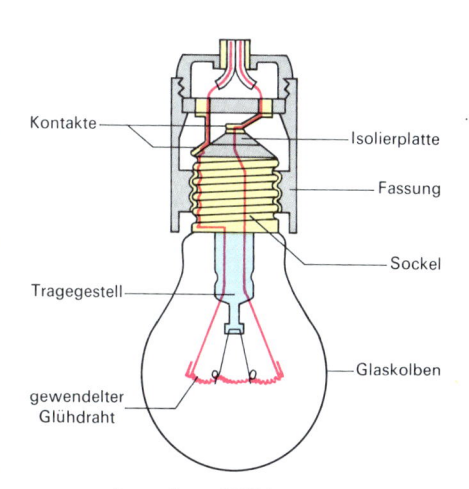

17.3 Aufbau einer Glühlampe

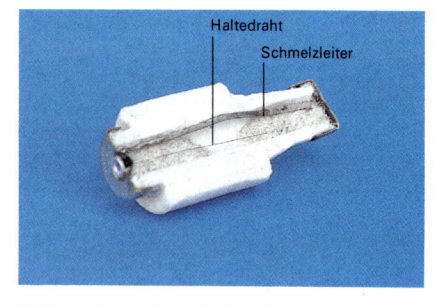

Aufgaben

1. **a** Fließt durch Leiter elektrischer Strom, so werden diese warm. Wovon hängt die Wärmeerzeugung ab?
   b Warum glühen die Anschlußleitungen einer Glühlampe nicht?
2. Gib zwei Gründe an, warum der Glühdraht einer Glühlampe gewendelt ist! Warum ist der Glaskolben „luftdicht"?
3. Glühlampen brennen meistens nicht während des Betriebes sondern kurz nach dem Einschalten durch. Warum? (Hinweis: Bedenke, wie sich ein erwärmter Draht verhält!)
4. Abb. 17.4 zeigt den Aufbau einer Schmelzsicherung.
   a Warum ist sie mit Sand gefüllt und der Mantel aus Porzellan?
   b Was kennzeichnet die Farbe des Kennplättchens? Was geschieht mit dem Kennplättchen, wenn Schmelzleiter und Haltedraht durchschmelzen?
   c Warum darf man eine Sicherung durch Einziehen eines anderen Drahtes nicht „flicken"?

17.4 Aufbau einer Schmelzsicherung

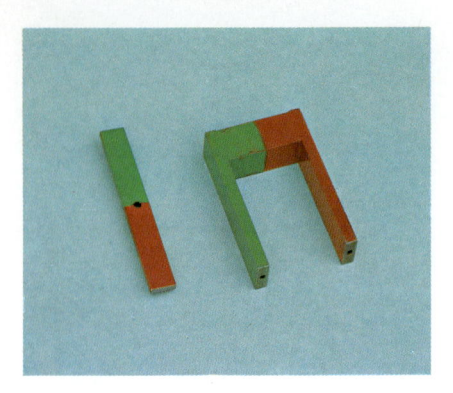

18.1 Künstliche Magnete: Stab- und Hufeisenmagnet

18.2 Kompaß

18.3 Magnetisieren von Eisen

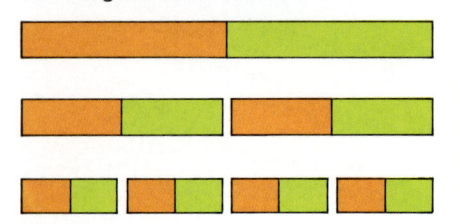

18.4 Fortgesetztes Teilen eines Magneten

18.5 Elementarmagnete in unmagnetischem Eisen

18.6 Elementarmagnete in einem Magneten

Grunderscheinung des Magnetismus. Es gibt Eisenerzstücke, die Körper aus Eisen, Nickel oder Kobalt anziehen. Angeblich wurden erstmals vor über 2500 Jahren solche Eisenerzbrocken in der Nähe der Stadt Magnesia in Kleinasien gefunden. Man nennt sie deshalb *Magnete*. Neben diesen natürlichen Magneten gibt es auch künstliche, die man aus besonderen Stoffen (z. B. Ferrite) herstellt.

V Taucht man einen Magnet in Eisenfeilspäne, so bleiben vor allem an seinen Enden ganze „Bärte" hängen.

Die Stellen stärkster Kraftwirkung eines Magneten heißen *Magnetpole*.

V Hängt man einen Stabmagnet frei beweglich auf, so stellt er sich in Nord-Süd-Richtung ein.

Der Pol, der nach Norden zeigt, heißt *Nordpol*, der nach Süden zeigt, *Südpol*. Den **N**ordpol markiert man zur Kennzeichnung meist **r**ot, den **S**üdpol meist **gr**ün. Im Kompaß ist ein nadelförmiger Stabmagnet auf einer Spitze sehr leicht drehbar gelagert, so daß er sich in Nord-Süd-Richtung einstellen kann (Abb. 18.2).

V Wir nähern zwei Magnete einander mit den Polen und beobachten die Kraftwirkung.

> Gleichnamige Magnetpole stoßen sich ab, ungleichnamige ziehen sich an.

V Wir streichen mit einem Pol eines starken Magneten mehrmals in gleicher Richtung über unmagnetische Körper aus Eisen oder Stahl (Abb. 18.3). Sie werden magnetisch. Mit einer Magnetnadel erkennen wir, daß nun jeder der Körper einen Nord- und einen Südpol besitzt.

V Wir magnetisieren ein Laubsägeblatt. Brechen wir es in der Mitte auseinander, so sind beide Teile wieder vollständige Magnete: An der Bruchstelle sind ungleichnamige Pole entstanden.

Durch fortgesetztes Teilen eines Magneten erhält man stets wieder vollständige Magnete. So stößt man schließlich auf sehr winzige Bereiche, die vollständige Magnete sind. Diese heißen *Elementarmagnete* (Abb. 18.4).

V Ein Glasröhrchen ist mit Eisenfeilspänen gefüllt. Streichen wir mit einem Magneten darüber, wird es selbst zum Magneten. Schütteln wir es, geht die magnetische Wirkung verloren.

Im unmagnetischen Eisen sind die Elementarmagnete ungeordnet (Abb. 18.5), im Magneten sind sie geordnet (Abb. 18.6).

Aufgaben

1. Auf der Erde stellt sich eine Magnetnadel ungefähr in Nord- Süd-Richtung ein. Also ist die Erde ein Magnet. Magnetpole und geografische Pole der Erde weichen etwas voneinander ab. Wie berücksichtigt man diese Abweichung bei der Einstellung eines Kompasses?
2. Zwei Stabmagnete werden zusammengehalten: einmal mit gleichnamigen Polen, einmal mit ungleichnamigen nebeneinander. Dann werden jeweils damit Nägel hochgehoben. In welchem Fall ergibt sich eine große, in welchem eine kleine magnetische Kraft?
3. Erkläre mit der Vorstellung von den Elementarmagneten:
   a Ein Eisenstück wird von einem Magneten angezogen, ein Kupferstück dagegen nicht.
   b Ein Stabmagnet zieht einen Eisennagel an und hält ihn fest. Der Nagel zieht einen zweiten an und hält ihn fest usw.
4. Zwei Stäbe sehen völlig gleich aus: Der eine ist ein Magnet, der andere ein nicht magnetisierter Eisenstab. Wie würdest du ohne weitere Hilfsmittel herausfinden, welcher Stab der Magnet ist?

19.1 Magnetische Wirkung des elektrischen Stromes

19.2 Magnetische Wirkung bei umgekehrter Stromrichtung

Magnetische Wirkung des Stromes. Der Däne Hans Christian Oersted machte im Jahre 1820 die damals Aufsehen erregende Entdeckung, daß der elektrische Strom auch magnetische Wirkungen zeigt.

V Durch das Loch einer Plexiglasscheibe führt ein dicker Kupferdraht. Er steht auf der Scheibe senkrecht. In seiner Umgebung stehen leicht drehbare Magnetnadeln (Abb 19.1). Wird der Strom eingeschaltet, so richten sie sich kreisförmig aus. Polen wir um, so wenden sich auch die Magnetnadeln um (Abb. 19.2).

In der Umgebung des stromdurchflossenen Drahtes stellen wir magnetische Wirkungen fest. Neu gegenüber unseren bisherigen Kenntnissen ist: Der Magnetismus tritt auf, obwohl Kupfer unmagnetisch ist und – aufgrund der kreisförmigen Anordnung der Magnetnadeln – keine Magnetpole zu finden sind. Da offensichtlich nur der fließende elektrische Strom die Ursache dafür ist, spricht man von *Elektromagnetismus*.

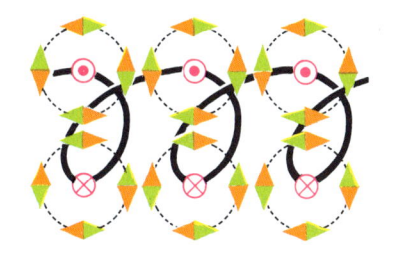

19.3 Übergang vom geraden Draht zur Spule (Gedankenexperiment)

V Um die magnetische Wirkung zu erhöhen, wickeln wir den Draht zu einer Spule und überlegen zunächst, was zu erwarten ist (Abb. 19.3): Im Inneren müßten sich die Magnetnadeln in Richtung der Spulenachse einstellen.
Es bestätigt sich die erwartete Stellung der Magnetnadeln (Abb. 19.4).

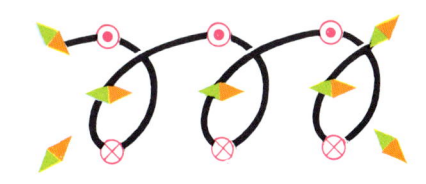

V Mit einer stromdurchflossenen Spule können wir Nägel hochheben. Sie wirkt wie ein schwacher Stabmagnet.

V Schiebt man in eine stromdurchflossene Spule einen Eisenkern, so erhöht sich die magnetische Wirkung wesentlich. Nach dem Abschalten des Stromes verschwindet der Magnetismus fast völlig.

19.4 Stellung der Magnetnadeln im Experiment

Im Inneren der Spule aufgestellte Magnetnadeln werden längs der Spulenachse ausgerichtet. Deshalb richtet die Spule auch die Elementarmagnete eines Eisenstückes aus. Diese verstärken dann die magnetische Wirkung der Spule. Eine Spule mit Eisenkern heißt *Elektromagnet* (Abb. 19.5).

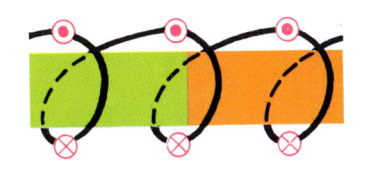

19.5 Der Elektromagnet

Anwendungen des Elektromagnetismus

Der Elektromagnet. Fließt durch seine Spule Strom, so ist er magnetisch. Nach dem Abschalten des Stromes verschwindet der Magnetismus. Elektromagnete können also eisenhaltige Körper „anpacken" und wieder loslassen. Davon macht man beim *Recycling** Gebrauch. Z. B. werden bei der Wiederverwertung von Altglas die Flaschen zertrümmert. Elektromagnete sortieren die eisenhaltigen Verschlüsse aus. Mit dem Metall wäre das Altglas wertlos. Elektromagnete können sehr stark sein. Sie eignen sich deshalb in Stahlwerken und auf dem Schrottplatz zum Heben schwerer Eisenlasten (Abb. 20.1).

Das Relais. Zur *Diebstahlsicherung* ist ein dünner Draht an einem wertvollen Gegenstand befestigt. Wird dieser weggenommen, reißt der Draht, und eine Alarmklingel beginnt zu läuten.
Um das zu erreichen, benützt man als Kunstgriff ein *Relais** (Abb. 20.2). Ein erster Stromkreis der *Steuerkreis*, enthält einen Elektromagneten. Fließt im Steuerkreis Strom, zieht der Elektromagnet einen Eisenanker an, der in einem zweiten Stromkreis, dem *Arbeitskreis* („Warnkreis"), als offener Schalter enthalten ist. Wird der Steuerkreis durch Abreißen des dünnen Drahtes unterbrochen, läßt der Elektromagnet den Anker los, und dieser schließt den Warnkreis.

Der Lautsprecher. Beim *dynamischen Lautsprecher* ist an einer beweglichen trichterförmigen Membran eine Spule befestigt. Diese taucht in den ringförmigen Spalt zwischen den Polen eines Dauermagneten mit topfähnlicher Form ein. Die Spule wird durch eine Vorrichtung in der Mitte des Spaltes gehalten (Abb. 20.3).
Fließt durch die Spule ein Wechselstrom, wechseln ständig die Pole der Spule. Daher wird die Spule und mit ihr die Lautsprechermembran im Rhythmus des Wechselstroms hin- und herbewegt. Dynamische Lautsprecher werden in Rundfunk- und Fernsehgeräten, Verstärkeranlagen sowie hochwertigen Kopfhörern verwendet.

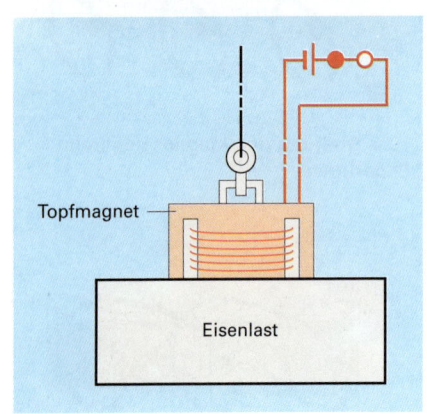

20.1 Hebemagnet

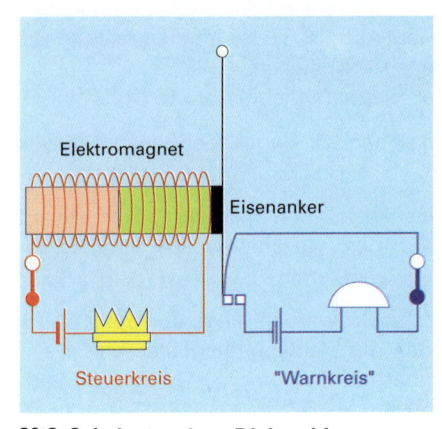

20.2 Schaltung einer Diebstahlsicherung

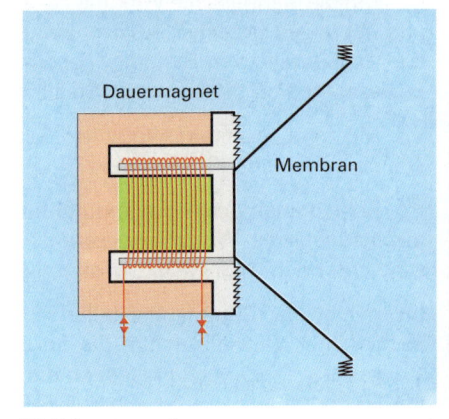

20.3 Lautsprecher

2.3. Der elektrische Strom als fließende Ladung

Die elektrische Ladung. Die bisher gefundenen Indizien belegen die Vorstellung, daß im elektrischen Stromkreis etwas strömt oder transportiert wird. Um diesem geheimnisvollen „Etwas" auf die Spur zu kommen, versuchen wir, selbst einen Teil der Bewegung im Stromkreis zu übernehmen.

V Zwischen den Elektroden eines unterbrochenen Stromkreises befindet sich an einem Isolierstiel eine leitende Kugel. Als Stromquelle benutzen wir ein sog. Hochspannungsnetzgerät. Mit einer Glimmlampe testen wir, ob Strom fließt. Bewegen wir die Kugel zwischen den Elektroden hin und her, blitzt die Glimmlampe immer wieder auf (Abb. 21.1).

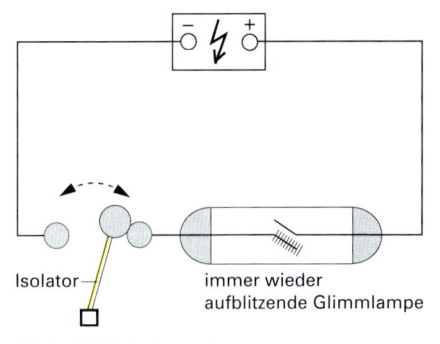

Wir können das so erklären: Berührt man mit der Kugel die linke Elektrode, so fließt etwas auf sie, was wir *elektrische Ladung* nennen. Berührt man die rechte Elektrode, fließt die elektrische Ladung von der Kugel über die Glimmlampe zum Pluspol ab. Die kurzzeitig fließende Ladung bewirkt dabei ein Aufblitzen der Glimmlampe. Wir haben also elektrische Ladung portionsweise von einem Pol zum anderen „gelöffelt".

21.1 „Löffeln" von Ladung

Transportiert man elektrische Ladung von der einen Elektrode eines geöffneten Stromkreises zur anderen, so fließt kurzzeitig Strom.

Die elektrische Ladung nennt man in diesem Zusammenhang auch *Elektrizität*. Das Wort „Elektrizität" leitet sich vom Bernstein (griech. *Elektron*) ab. Daß man Bernstein (Abb. 21.2) durch Reiben elektrisch aufladen kann, war den Griechen bereits sechs Jahrhunderte vor Christus bekannt.

Den Ladungstransport im Stromkreis untersuchen wir nun genauer. Der unterbrochene Stromkreis ist symmetrisch aufgebaut und enthält je eine Glimmlampe zwischen den Polen der Stromquelle und den Elektroden (Abb. 21.3).

V Zuerst berühren wir mit der „Kugel im normalen Zustand" die linke Elektrode, die mit dem Minuspol der Stromquelle verbunden ist: Die linke Glimmlampe blitzt auf. Also sind Ladungen auf die Kugel geflossen: Die Kugel ist *elektrisch geladen*.

21.2 Bernstein

V Um den normalen Zustand der Kugel wieder herzustellen, bringen wir sie mit der „Erde", z. B. mit der Wasserleitung, in Kontakt: Die Kugel wird *entladen*.

V Berühren wir nun mit der *ungeladenen* Kugel die rechte Elektrode, blitzt – zu unserer Überraschung – die rechte Glimmlampe auf.

Wir gehen von der Annahme aus, daß die Ladungen im Stromkreis nur in eine Richtung fließen. Dann müssen beim Berühren rechts Ladungen abgeflossen sein. Dies bedeutet aber: Die Ladungen, die zu strömen vermögen, sind bereits im normalen, d. h. im ungeladenen Zustand im Leiter vorhanden. Beim Wasserstromkreis ist bei geschlossenem Hahn ja auch bereits Wasser in den Rohren. Da sich linke und rechte Elektroden völlig gleich verhalten, könnten die Ladungen aber – im Gegensatz zu unserer Erklärung – genauso in umgekehrter Richtung fließen.

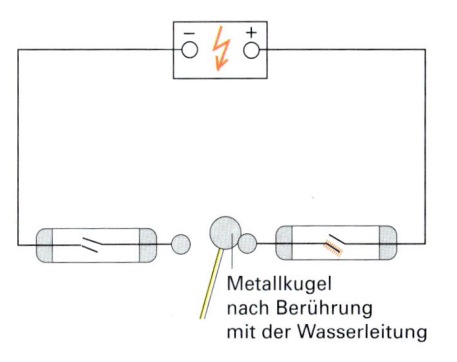

Der Elektronenstrom

V In einem luftleer gepumpten Glaskolben befinden sich zwei Elektroden. Die eine ist als Glühdraht ausgebildet. Man nennt eine solche Anordnung *Diode**. Aus

21.3 Nachweis der Ladungen im Leiter bei „Normalzustand"

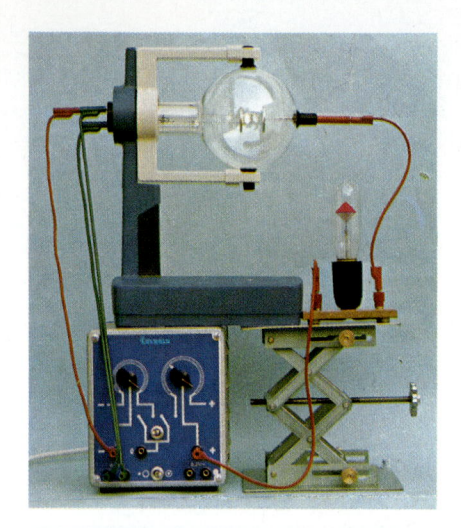

22.1 Versuch zum Nachweis des Elektronenstroms

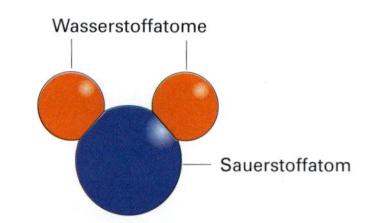

22.2 Wassermolekül

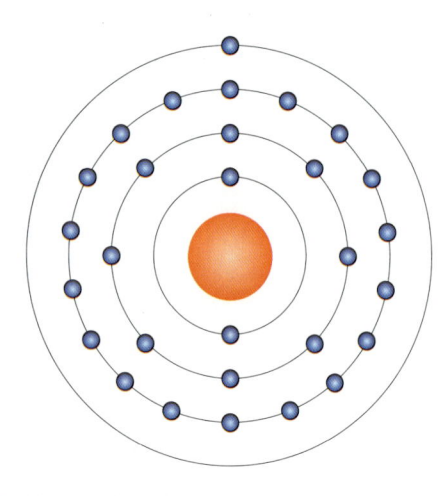

22.3 Aufbau des Kupferatoms

einer Gleichstromquelle, einer Glimmlampe zum Stromnachweis und einer Diode wird ein Stromkreis aufgebaut. Wie immer man die Pole der Stromquelle anschließt – es fließt kein Strom (Abb. 22.1).

V Durch eine weitere Stromquelle wird der Glühdraht zum Glühen gebracht. Nur wenn die glühende Elektrode mit dem negativen Pol verbunden ist, fließt durch die Glimmlampe Strom.

Der Versuch läßt sich so deuten: Durch das Glühen werden – vergleichbar mit dem Sieden von Wasser – Ladungen „abgedampft". Sie fliegen zur gegenüberliegenden Elektrode, aber nur, solange die glühende Elektrode mit dem Minuspol der Stromquelle verbunden ist. Wenn die abgedampften Ladungen die gleichen sind, die auch in den Zuleitungen strömen, dann fließen sie also vom Minus- zum Pluspol.

Auf der nicht geheizten Elektrode läßt sich kein Niederschlag eines Stoffes erkennen. Die abgedampften Ladungsteilchen sind also kleiner als die Atome irgendeines Stoffes.

> In den Leitungen sind die winzigen Teilchen, die zu strömen vermögen, bereits vorhanden. Sie heißen *Elektronen**.
> Die Stromquelle wirkt als „Elektronenpumpe": Sie setzt die Elektronen in Richtung vom Minus- zum Pluspol in Bewegung.

Atome und Moleküle. Sicher hast du schon gehört, daß alle Stoffe aus kleinen Teilchen, den *Atomen**, bestehen. Reine Metalle sind aus lauter gleichen Atomen aufgebaut. Ein Stück Kupfer z. B. setzt sich aus vielen, vielen Kupferatomen zusammen. Versuche, Kupfer in andere Stoffe zu zerlegen, sind deshalb nie erfolgreich gewesen. Man erhält immer wieder Kupferatome.

Wasser dagegen läßt sich in andere Stoffe zerlegen: Es entstehen Wasserstoff und Sauerstoff. Wasserstoff und Sauerstoff selbst sind in keine anderen Stoffe zerlegbar. Wasser ist aber nicht irgendeine Mischung aus Wasserstoff- und Sauerstoffatomen, sondern es besteht aus kleinen Teilchen, die aus zwei Wasserstoffatomen und einem Sauerstoffatom aufgebaut sind. Diese Teilchen, die aus einem Zusammenschluß von Atomen bestehen, nennt man *Moleküle** (Abb. 22.2).

Die Elektronen sind Bausteine der Atome. Untersuchungen der Atomphysik zeigen, daß die Atome aus einem *Kern* und einer *Elektronenhülle* bestehen: Die Elektronen umkreisen den Kern (Abb. 22.3). Der Kern ist mehrere tausendmal so schwer wie die umgebenden Elektronen.

Die äußeren Hüllenelektronen eines Metallatoms sind nur schwach an den Kern gebunden. In einem Leiter werden diese überall von Atom zu Atom „weitergereicht". Eine Stromquelle treibt sie dabei vom Minus- zum Pluspol. So entsteht der Strom.

Aufgaben

1. Stelle ein Leiterstück durch Atome (Abb. 22.3), die aneinander gereiht sind, dar, und veranschauliche den Stromfluß durch bewegte Elektronen!
2. Stell dir vor, du schaltest eine Glühlampe ein: Du schließt also den Stromkreis mit dem Elektrizitätswerk. Dieses ist eine Wechselstromquelle. Welche Bewegung führen die bereits in der Glühlampe und den Zuleitungen vorhandenen Elektronen aus? Wofür bezahlen wir also?

3. Akustische Phänomene

3.1. Schallerzeugung und Schallausbreitung

Bedeutung des Schalls. Menschen sprechen miteinander. Durch Laute verständigen sie sich. Auch in der Tierwelt ist der Schall eine wichtige Möglichkeit zur *Nachrichtenübermittlung*. Stößt ein Rabe bei Gefahr einen Schrei aus, scheucht er dadurch die ganze Schar auf. Der Schall wird auch zur *Orientierung* genutzt. Das Gehör der Vögel und Säugetiere ist das einzige Sinnesorgan, das selbst im Schlaf „auf Empfang geschaltet" ist. Eine schlafende Katze stellt ihre Ohren sofort in die Richtung, aus der ein Geräusch kommt.

Lärm empfinden wir lästig. Er kann sogar gesundheitliche Schäden hervorrufen.

Der Schall hat für das Leben große Bedeutung. Wir werden uns deshalb mit ihm befassen. Mit der Untersuchung des Schalls erhalten wir so einen weiteren Einblick in die Arbeitsweise der Physik. Die Lehre vom Schall heißt *Akustik**. Sie ist in der Physik ein Teilgebiet der Lehre von den Bewegungen und Kräften, der *Mechanik**.

Schallerzeugung. Was ist *Schall*? *Alles, was wir hören können.* Der Schall wird von *Schallquellen* erzeugt: Vom menschlichen Stimmorgan, von Musikinstrumenten, Stimmgabeln, Lautsprechern, ... – Wie entsteht Schall?

V Mit den Fingern berühren wir unseren Kehlkopf beim Sprechen, die Membran eines tönenden Lautsprechers oder einer tönenden Stimmgabel: Wir spüren ein Vibrieren.

Das Vibrieren ist eine winzige Hin- und Herbewegung. Anstatt Hin- und Herbewegung sagt man auch *Schwingung*. Da wir Schwingungen bei vielen Schallquellen feststellen können, vermuten wir, daß sie die Ursache für den Schall sind (Abb. 24.1). Wir überprüfen unsere Vermutung durch einen überschaubaren Versuch:

V Wir spannen ein elastisches Stahlband am einen Ende ein; das andere Ende biegen wir zur Seite und lassen es los: Wir sehen, wie es sich hin und her bewegt; wir hören aber nichts! – Dann verkürzen wir das Stahlband: Es schwingt nun so schnell, daß wir die Hin- und Herbewegung im einzelnen nicht mehr sehen können. Aber jetzt hören wir einen Ton!

> Schall wird durch schnell schwingende Körper erzeugt.

Schallausbreitung. In unserem Ohr befindet sich als Schallempfänger das Trommelfell: Wird es zum Schwingen gebracht, vernehmen wir einen Schall. Wie werden die Schwingungen durch den Raum zwischen dem Sender „Schallquelle" und dem Empfänger „Trommelfell" übertragen?

V Unter einer Glasglocke läutet eine Klingel: Wir hören sie deutlich. Pumpen wir die Luft aus der Glasglocke heraus, hören wir nichts mehr, obwohl der Klöppel weiterhin den Klangkörper anschlägt und zum Schwingen bringt (Abb. 24.2).

In der Luft breitet sich also der Schall aus, im leeren Raum dagegen nicht. Wie können wir das verstehen?

V Halten wir die Öffnung einer Glasspritze mit dem Daumen zu und drücken wir auf den Stempel, so spüren wir am Daumen ein Drücken. Ziehen wir am Stempel, so spüren wir ein Ansaugen (Abb. 24.3). Die Luft überträgt also das Drücken bzw. das Ansaugen.

24.1 Schallerzeugende Saite

24.2 Keine Schallausbreitung im leeren Raum

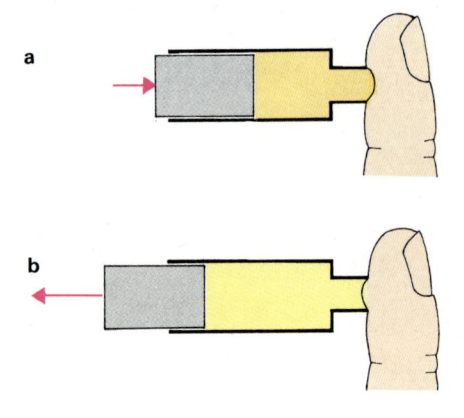

24.3 Übertragung des Drückens bzw. Ansaugens durch Luft

Eine schwingende Schallquelle drückt die Luft während ihrer Hinbewegung zusammen; während der Wegbewegung saugt sie die Luft an. Dieses ständig wechselnde Drücken und Saugen wird weitergegeben. So wird die Schwingung der Schallquelle unter Mitwirkung der Luft auf das Trommelfell übertragen. Wir testen unsere Überlegung:

V Wir schlagen auf ein Tamburin (Abb. 25.1). Die hinter dem Tamburin zusammengedrückte Luft müßte den Stoß auf ein zweites, parallel gehaltenes Tamburin übertragen. Hängen wir unmittelbar hinter dem zweiten Tamburin eine leichte Kugel so auf, daß sie das Tamburin gerade berührt, gelingt der Nachweis der Stoßübertragung: Die leichte Kugel wird weggestoßen.

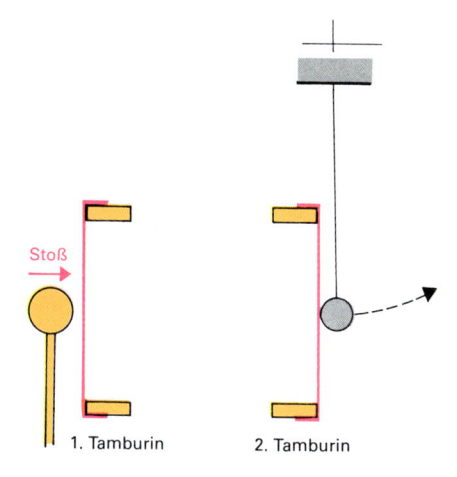

Im leeren Raum breitet sich der Schall nicht aus. Wenn Luftmoleküle vorhanden sind, breitet sich der Schall aus. Wie verhalten sich diese Teilchen dabei?

Zur Vereinfachung betrachten wir nur die Ausbreitung in eine Richtung: Wir beschränken uns also auf eine Teilchenreihe. Und zur Veranschaulichung bauen wir ein vergrößertes Modell: Die Luftmoleküle stellen wir durch Holzkugeln dar. Eine Reihe erhalten wir, indem wir die Kugeln an Fäden an einer waagrechten Stange aufhängen (Abb. 25.2a).

V Ein schwingender Schallerreger versetzt den Luftmolekülen in seinem Bewegungsbereich Stöße. Entsprechend stoßen wir unser erstes Modellmolekül in Richtung des zweiten an (Abb. 25.2b). Die erste Kugel trifft auf die zweite, versetzt diese in Bewegung und kommt dabei selbst zur Ruhe. Jede Kugel, die einen Stoß erhält, stößt dann selbst die benachbarte. Das führt zu einer Folge von Stößen (Abb. 25.2c). Die einzelnen Modellmoleküle bewegen sich dabei nur ein kleines Stück.

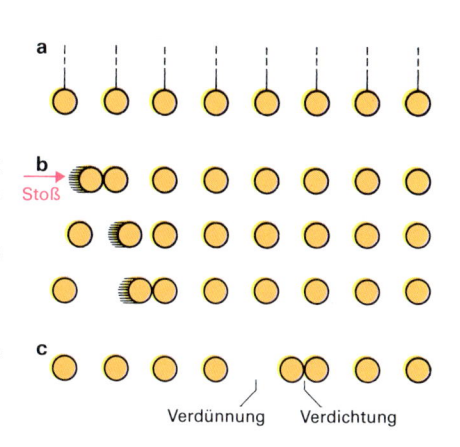

Wo gerade gestoßen wird, sind die Luftmoleküle dicht zusammengerückt: Dort finden wir eine „Teilchen-Verdichtung". Unmittelbar vorher sind die Abstände der Teilchen größer: eine „Teilchen-Verdünnung".

Eine „Teilchen-Verdichtung" wandert, gefolgt von einer „Teilchen-Verdünnung", durch die Molekülreihe. Auf die Luft übertragen bedeutet das: Von einer Schallquelle bewegen sich also abwechselnd *Luftverdichtungen* und *Luftverdünnungen* weg (Abb. 25.3).

> Von der Schallquelle breiten sich Luftverdichtungen und -verdünnungen nach allen Seiten aus.

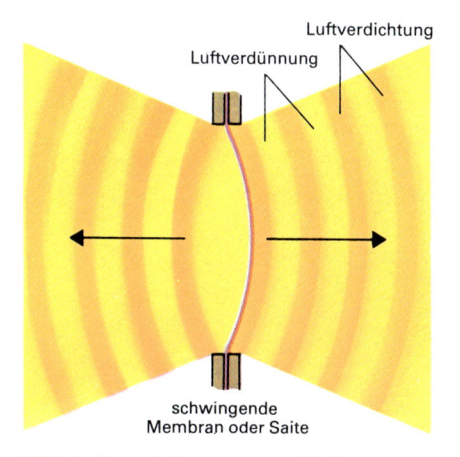

25.1 Übertragung des Stoßes durch Luft

25.2 Modell der Schallausbreitung

25.3 Luftverdichtungen und Luftverdünnungen

Aufgaben

1. *Sturm im Wasserglas*
Nimm ein Wein- oder Sektglas, und fülle etwas Wasser hinein. Halte mit einer Hand den Fuß des Glases. Feuchte einen Finger der anderen Hand an, und fahre damit kreisend über die Oberkante. Drücke dabei nicht auf! Mit etwas Geschick bringst du das Glas zum Klingen.
a Fülle das Glas fast bis zum Rand mit Wasser. Was beobachtest du, wenn das Glas klingt? Wie kommt das zustande?
b Fülle das Glas schrittweise voll, und bringe es jeweils zum Klingen. Vergleiche dabei die Töne. Ergänze: Je voller das Glas ist, desto ... .

2. Schallausbreitung in festen Körpern
a Lege eine tickende Uhr auf das eine Ende eines Tisches. Stelle dich ans andere Ende. Bemühe dich, das Ticken zu hören. Drücke nun ein Ohr auf den Tisch. Vergleiche in beiden Fällen die Lautstärke des Tickens!
b Jemand will Gespräche belauschen, die hinter einer verschlossenen Tür geführt werden. Hört er besser, wenn er am Schlüsselloch horcht oder wenn er ein Ohr an die Tür preßt?

3. Das Schnurtelefon
Stich mit einer Nadel jeweils in die Mitte des Bodens zweier leerer Joghurtbecher ein kleines Loch. Führe durch die beiden Löcher eine lange dünne Schnur, und bringe an ihren Enden jeweils einen dicken Knoten an. Halte einen Becher an dein Ohr, und veranlasse, daß jemand bei gespannter Schnur in den anderen Becher flüstert.
a Beschreibe deine Beobachtung!
b Erkläre die Wirkungsweise des Schnurtelefons!

4. *Verständigung auf dem Mond*
Zwei Astronauten stehen, mit Schutzanzügen bekleidet, auf dem Mond nebeneinander. Obwohl der eine sehr laut spricht, hört der ander nichts davon.
a Warum?
b Die Astronauten nähern sich einander so, daß sich die Helme berühren. Können sie sich jetzt durch sprechen verständigen? Begründung!

5. Schalldämmung
a Nimm eine tickende Uhr zwischen die Lippen. Fasse sie dann vorsichtig mit den Zähnen. Vergleiche dabei dein Hörempfinden!
b Leiten harte und feste oder weiche und poröse Baustoffe den Schall besser? Zur Schalldämmung verlegt man den Fußboden auf schallschluckendem Material. Wie ist dieses beschaffen?
c Warum ist es unmittelbar nach einem Schneefall so still?

3.2. Der Schwingungsvorgang und seine Messung

Die Pendelschwingung. Die Schwingungen der Schallquellen sind klein und schnell. Sie lassen sich nicht genau beobachten. Wir befassen uns deshalb zunächst mit einer überschaubaren Schwingung, nämlich der Schwingung eines Körpers, der an einem Faden hängt. Man nennt diesen Schwinger *Fadenpendel*.

V Der Pendelkörper befindet sich in der *Ruhelage*. Wir lenken ihn nun mit der Hand aus und lassen ihn los (Abb. 26.1a). Er „läuft" bis zur Ruhelage „bergab". Der Pendelkörper wird dabei immer schneller (Abb. 26.1b). Dann „läuft" er „bergauf". Der Pendelkörper wird langsamer, bis er schließlich anhält und umkehrt (Abb. 26.1c). Im *Umkehrpunkt* beginnt nun das Pendel wieder, sich in die umgekehrte Richtung zu bewegen. Es schwingt so ständig zwischen den Umkehrpunkten hin und her. Die Schwingungsweite wird dabei immer kleiner.

Ein sich mehrfach wiederholender Vorgang heißt *periodisch**. Eine Schwingung ist eine *periodische Bewegung*. Eine vollständige Hin- und Herbewegung nennt man *Periode*, ihre Dauer *Periodendauer T*. Der Weg des Pendelkörpers von der Ruhelage bis zum Umkehrpunkt heißt *Amplitude**.

Ist die Periodendauer T um so größer, je größer die Amplitude ist?

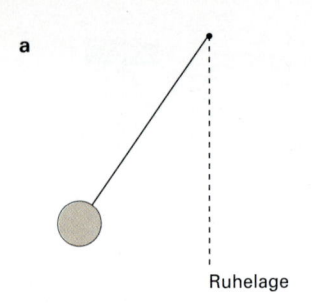

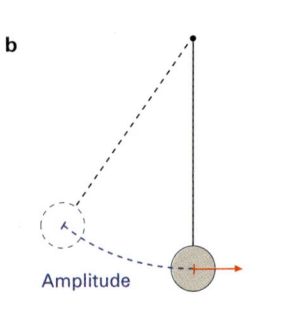

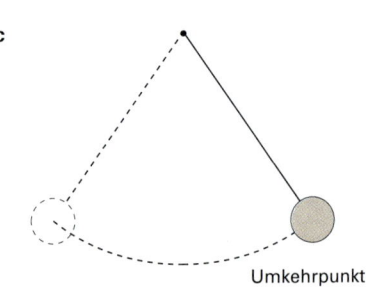

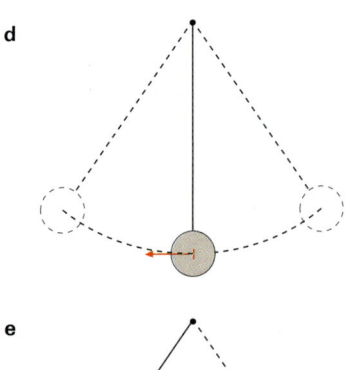

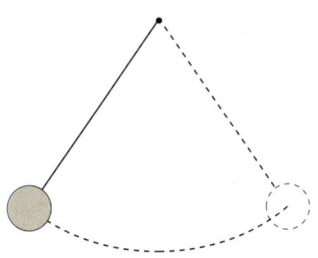

26.1 Periode eines Fadenpendels

▼ Wir lenken ein Fadenpendel um eine bestimmte Schwingungsweite aus, lassen es los und messen die Periodendauer T. Dann wiederholen wir den Versuch mehrmals. Die Meßwerte unterscheiden sich jeweils um ein paar Zehntel Sekunden.

Warum? Wird das Pendel losgelassen, reagieren wir nicht sofort, sondern lösen erst nach einer gewissen *Reaktionszeit* die Zeitmessung aus. Noch schwieriger ist die Beendigung der Zeitmessung; denn die Pendelumkehr ist nicht so klar zu erfassen. So entsteht durch die Ungenauigkeit am Anfang und am Ende der Zeitmessung ein *Meßfehler*. Dieser betrage z. B. $\frac{2}{10}$ Sekunden. Wie kann man ihn verkleinern? Indem man die Zeitspanne für viele Perioden, z. B. 10, mißt und diese durch die Anzahl der Perioden dividiert. Der angenommene Meßfehler von $\frac{2}{10}$ Sekunden verteilt sich dann auf 10 Perioden. Er beträgt für die einzelne Periode nur noch $\frac{2}{100}$ Sekunden.

Zurück zu unserem Problem!

▼ Wir bestimmen einen möglichst genauen Wert der Periodendauer T unseres Fadenpendels für eine kleine Amplitude, und dann für eine etwas größere Amplitude. Überraschenderweise erhalten wir gleiche Werte.

Warum ist die Periodendauer T unabhängig von der Schwingungsweite? Je größer die Amplitude ist, desto mehr Weg muß der Pendelkörper doch bei einer vollständigen Schwingung zurücklegen (Abb. 27.1). Je größer die Amplitude ist, desto steiler beginnt der Körper aber abwärts zu laufen, und desto schneller wird er. Sein Weg ist zwar länger, aber dafür ist er auch schneller – gerade soviel, daß er unabhängig von der Amplitude immer die gleiche Zeit für eine volle Schwingung braucht. (Das gilt allerdings nur, solange die Amplitude nicht allzu groß ist.)

Hängt die Periodendauer T von der Länge des Pendels ab?

▼ Wir messen zu verschiedenen Pendellängen l jeweils die Periodendauer T und halten die Werte in einer Tabelle fest (Abb. 27.2).

Je länger das Pendel ist, desto größer ist die Periodendauer. Wie können wir das verstehen? Lenken wir ein langes Pendel genau so weit aus wie ein kurzes, so müssen beide bis zur Ruhelage den gleichen Weg zurücklegen (Abb. 27.3). Das längere Pendel läuft aber auf einem flacheren Weg. Es wird deshalb nicht so schnell und benötigt damit für den gleichen Weg eine längere Zeit. Wir fassen zusammen:

> Die Periodendauer eines Fadenpendels
> – hängt nicht von der Amplitude ab,
> – ist um so größer, je länger das Pendel ist.

Die Periodendauer T wächst aber nicht gleichmäßig mit der Pendellänge l an: Erst eine Vervierfachung von l bringt eine Verdoppelung von T mit sich. Der Zusammenhang zwischen l und T wird deutlicher, wenn man ihn in einer graphischen Darstellung erfaßt: Nach rechts wird l, nach oben T abgetragen. Da wir für willkürlich gewählte Pendellängen jeweils die Periodendauer bestimmt haben, ist es nicht sinnvoll, die Meßpunkte durch einen Streckenzug zu verbinden, der gerade in diesen Punkten knickt. Die Werte unterliegen ja der Meßungenauigkeit. Daher zeichnen wir eine „glatte Kurve" so, daß sich die Meßpunkte möglichst genau um sie gruppieren. Eine solche graphische Darstellung heißt *Pendellänge-Periodendauer-Diagramm** oder kurz *l-T-Diagramm* (Abb. 27.4). Es gestattet eine Vorhersage über die Werte, die zwischen den gemessenen liegen.

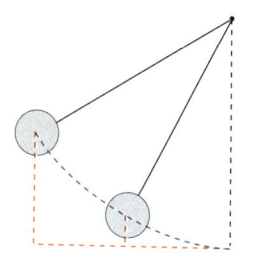

27.1 Unabhängigkeit der Periodendauer von der Amplitude

l in cm	12,5	25,0	50,0	75,0	100,0
T in s	0,71	1,00	1,41	1,73	2,00

27.2 T in Abhängigkeit von l

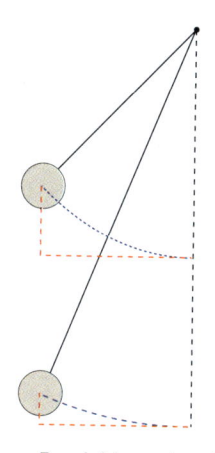

27.3 Längere Pendel brauchen länger

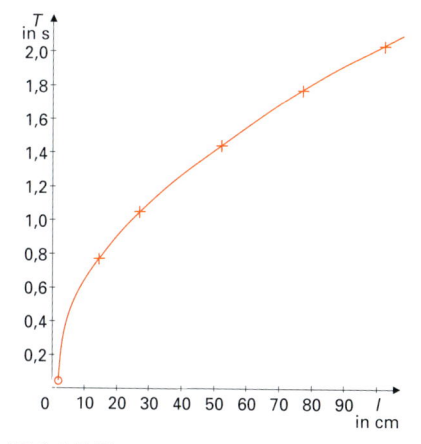

27.4 l-T-Diagramm

28.1 Atomuhr

Alter der Welt	13 000 000 000 a
Alter der Erde	4 600 000 000 a
Alter der Menschheit	1 000 000 a
Umlaufdauer der Erde um die Sonne	1 a
Dauer eines Tages	86 400 s
Dauer eines Herzschlags	1 s
Dauer einer Schallschwingung	0,001 s
Zugriffszeit im Computer	0,000 000 01 s

28.2 Interessante Zeitspannen

Die Zeitmessung. Ein 1 m langes (genau genommen: ein 99,4 cm langes) Pendel benötigt für den Hinlauf 1 Sekunde und für den Rücklauf die gleiche Zeit. Man nennt es deshalb *Sekundenpendel*. Es eignet sich also gut zur Zeitmessung. Damit seine Amplitude nicht abnimmt, muß es aber immer wieder angestoßen werden. Diese Technik beherrschte man erst im 17. Jahrhundert. Die Gangungenauigkeit betrug etwa 1 Minute pro Tag. In den Quarzuhren, die 1928 entwickelt wurden, schwingt ein kleiner Quarzkristall. Die Ungenauigkeit pro Tag verringerte sich: Sie beträgt nur noch $\frac{1}{10\,000}$ Sekunde. Die 1949 entwickelte Atomuhr (Abb. 28.1) hat nur noch einen Gangfehler von $\frac{1}{10\,000\,000}$ Sekunde pro Tag. Mit ihr legt man heute die Zeiteinheit fest.

> Die Einheit der Zeit ist 1 Sekunde (1 s).
> Sie ist durch Atomuhren festgelegt.

Gebräuchliche Vielfache der Grundeinheit Sekunde* sind 1 Minute (1 min), 1 Stunde (1 h), 1 Tag (1 d) und 1 Jahr (1 a):

> 1 min = 60 s;   1 h = 3 600 s;   1 d = 86 400 s;   1 a = 31 556 926 s.

Die Meßgröße Zeit bezeichnet man (nach dem engl. **t**ime) mit t, die Periodendauer einer Schwingung mit T. Interessante Zeitspannen sind in Tab. 28.2 angegeben.

Die Frequenz. Die Periodendauer einer tönenden Lautsprechermembran oder einer Stimmgabel ist so klein, daß unser Auge die Schwingung nicht mehr verfolgen kann. Das Auge ist zu träge. Anschaulicher als kleine Bruchteile einer Sekunde für die Periodendauer ist die Anzahl der Schwingungen pro Sekunde. Dauert eine Schwingung $\frac{1}{10}$ Sekunde, so finden in 1 Sekunde 10 Schwingungen statt. Dauert eine Schwingung $\frac{1}{100}$ Sekunde, so finden in 1 Sekunde 100 Schwingungen statt. Der Kehrwert der Periodendauer gibt also die Anzahl der Schwingungen pro Sekunde an. Man nennt diese Größe *Frequenz** f.

Algebraisch formuliert lautet der Zusammenhang zwischen f und T des letzten Beispiels: $f = \frac{1}{T} = \frac{1}{0,01\,s} = 100\,\frac{1}{s}$ (gelesen: „100 durch Sekunde").

Die Einheit der Frequenz wird nach dem deutschen Physiker Heinrich Hertz (1857 bis 1894) benannt. Er hat die „elektromagnetischen Wellen" entdeckt. Damit können Rundfunk- und Fernsehsendungen vom Sender bis zu unserem Empfänger übertragen werden.

1 Hertz kürzt man mit 1 Hz ab: $\frac{1}{s} = 1\,Hz$.

Vollführt ein Körper in 1 Sekunde 1000 Schwingungen, so beträgt seine Frequenz $f = 1000\,\frac{1}{s} = 1000\,Hz$. Anstatt 1000 verwendet man auch die Vorsilbe Kilo (denke z. B. an Kilometer). Daher ist: 1000 Hz = 1 Kilohertz = 1 kHz.

> Die Frequenz f gibt die Anzahl der Schwingungen pro Sekunde an.
> Sie ist gleich dem Kehrwert der Periodendauer T: $f = \frac{1}{T}$.
> Die Einheit der Frequenz f ist 1 Hertz (1 Hz) : $1\,Hz = \frac{1}{s}$.

Aufgaben

1. *Die Reaktionszeit*
Nimm eine Stoppuhr mit Zeiger, die auf $\frac{1}{100}$ Sekunde genau geht. Decke die linke Hälfte des Zifferblattes mit einem Blatt Papier ab. Setze die Stoppuhr in Gang. Drücke, wenn der Zeiger plötzlich nach der Abdeckung erscheint, auf die Uhr. Lies ab, um wieviel hundertstel Sekunden er nach dem Erscheinen stehen geblieben ist: Das ist deine Reaktionszeit.

2. *Die Anfänge der Zeitmessung*
Immer wiederkehrende Himmelsvorgänge nutzten die Ägypter bereits 2000 Jahre v. Chr. zur Zeiteinteilung. Da der Mond in einem Jahr etwa 12mal um die Erde läuft, zerlegten sie ein Jahr in 12 Mondumlaufdauern, in 12 Monate.
a Die Zahl 12 benützten sie deshalb auch zur Einteilung des Tages vom Sonnenaufgang bis zum Sonnenuntergang in 12 Stunden. Die ersten Uhren waren Sonnenuhren (Abb. 29.1). Worauf beruht ihre Funktionsweise? Warum benützten die Ägypter für jeden Monat eine andere Skala?
b Auch die Nacht wurde in 12 Stunden unterteilt. Zur Messung entwickelten die Ägypter eine Wasseruhr (Abb. 29.2): Wie funktionierte diese Uhr? Welche Stunde der Nacht wir angezeigt? Ist Sommer oder Winter?
c Was kann man vergleichend über eine altägyptische Tag- und Nachtstunde im Winter bzw. im Sommer aussagen?

3. In der folgenden Tabelle bedeutet n die Anzahl der Schwingungen in der Zeit t. Berechne die fehlenden Werte!

	a	b	c	d	e	f
n	1 000	3 000	?	100	?	1 000
t	2,5 s	1,0 min	1,0 min	?	1,0 min	?
T	?	?	1,25 s	0,008 s	?	?
f	?	?	?	?	20 Hz	20 kHz

4. *Die Penduluhr*
a Miß die Dauer von 20 Perioden einer Pendeluhr. Berechne die Periodendauer!
b Bestimme mit Hilfe von Abb. 27.4 die Länge des Pendels. Miß die Länge des Pendels (vom Aufhängepunkt bis zur Mitte des Pendelkörpers)!
c Wie kann man mit der Stellschraube unterhalb des Pendelkörpers regulieren, daß die Uhr schneller bzw. langsamer läuft?

5. Der Pendelkörper eines Fadenpendels wird zur Zeit $t = 0$ s im linken Umkehrpunkt losgelassen. Nach 10,0 s hat er 20 Perioden vollbracht.
a Berechne die Periodendauer T!
b Wo befand sich der Pendelkörper zu folgenden Zeiten: 0,25 s; 0,125 s; 0,625 s; 0,75 s; 0,875 s?
c Wie lang ist das Pendel?
d Berechne die Frequenz f des Pendels!
e Welche Periodendauer und welche Frequenz hat das Pendel, wenn man seine Länge vervierfacht?

6. *Die Quarzuhr*
Eine Batterie sorgt dafür, daß der kleine Quarzkristall ständig schwingt. Seine Frequenz beträgt 32 768 Hz.
a Berechne die Periodendauer T!
b Schreibe den Frequenzwert als Zweierpotenz!
c Durch eine besondere elektrische Schaltung, eine sogenannte Teilerschaltung, wird die Frequenz halbiert. Wie oft muß man halbieren, damit die Sekundenanzeige pro Sekunde einen Anstoß zum Weiterrücken erhält?

29.1 Ägyptische Sonnenuhr

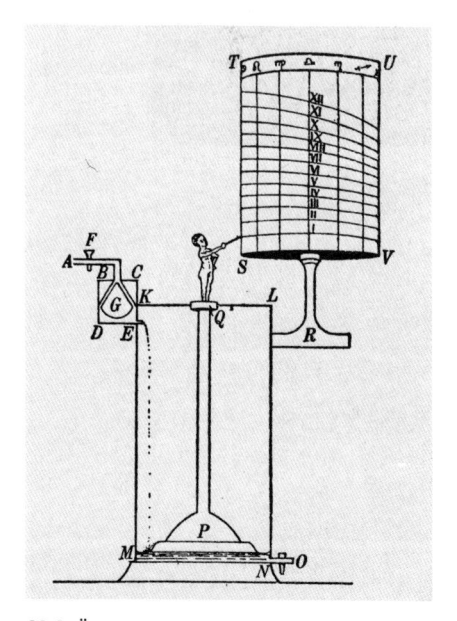

29.2 Ägyptische Wasseruhr

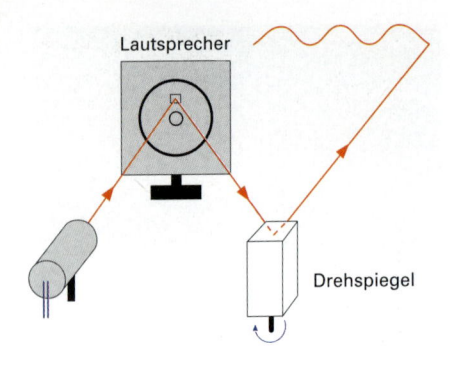

30.1 Schwingungsbild einer Lautsprechermembran

3.3. Messung von Schallschwingungen

Schallarten. Die Schwingung eines Fadenpendels konnten wir beobachten und sogar ihre Periodendauer mit einfachen Mitteln messen. Wie lassen sich aber die Schwingungen des beweglichen Teils einer Schallquelle, des sog. Schallerregers, mit seiner kurzen Periodendauer genauer untersuchen?

▼ Auf die Membran eines Lautsprechers kleben wir eine kleine Scherbe eines Spiegels. Beleuchten wir sie mit einem Lichtstrahl, wird dieser am Spiegelchen zurückgeworfen: So entsteht an der Wand ein kleiner Lichtfleck. Drücken wir etwas auf die Membran, bewegt sich der Lichtfleck auf der Wand um eine wesentlich größere Strecke als der Spiegel. Die kleine Bewegung der Membran wird in eine größere Bewegung des Lichtflecks übersetzt. Tönt der Lautsprecher, bewegt sich der Lichtfleck so rasch hin und her, daß wir nur einen leuchtenden Strich wahrnehmen.

Lassen wir den zurückgeworfenen Lichtstrahl auf einen sich drehenden Spiegel fallen, wird die schnelle Auf- und Abbewegung seitlich „auseinandergezogen". Wir sehen eine Wellenlinie. Sie zeigt das, was *nacheinander* erfolgt, *nebeneinander* (Abb. 30.1).

Das Schwingungsbild einer Stimmgabel können wir noch einfacher gewinnen.

▼ Am Ende eines Zinkens einer Stimmgabel ist ein kleiner Stift befestigt. Wir schlagen die Stimmgabel an und führen sie so über eine berußte Glasplatte, daß der Stift eine Spur schreibt (Abb. 30.2a). Es ist eine *regelmäßige Wellenlinie*.

Die Zinken der Stimmgabel bewegen sich also *regelmäßig* hin und her. Die schwingende Stimmgabel erzeugt Luftverdichtungen und -verdünnungen. Trifft eine Luftverdichtung auf die Membran eines Mikrofons*, wird auf diese gedrückt. Trifft eine Luftverdünnung auf die Membran, wird an ihr gesaugt. Die Membran wird also in Schwingungen versetzt.

▼ Schließen wir das Mikrofon an einen „elektrischen Schwingungsschreiber" (*Oszilloskop**) an, lassen sich die Schwingungen der Membran auf dem Bildschirm aufzeichnen (Abb. 30.2b).

Wir erkennen: Die Membran schwingt genauso wie die Stimmgabel.

▼ Erzeugen wir den Schall mit einer schwingenden Saite oder Flöte, ist das Schwingungsbild ebenfalls eine *regelmäßige Wellenlinie* (Abb. 30.2b).

Diesen „reinen" Schall nennen wir *Ton*.

▼ Rascheln wir mit einem Blatt Papier oder scharren wir mit den Füßen, erhalten wir dagegen ein unregelmäßiges Schwingungsbild (Abb. 30.2c).

▼ Beim Zerschlagen einer aufgeblasenen Papiertüte führt der Schallerreger ein paar unregelmäßige kräftige Schwingungen aus (Abb. 30.2d).

Schwingt ein Schallerreger
– regelmäßig, entsteht ein *Ton*,
– unregelmäßig, entsteht ein *Geräusch*.

Ein kurzes lautes Geräusch nennt man *Knall*.

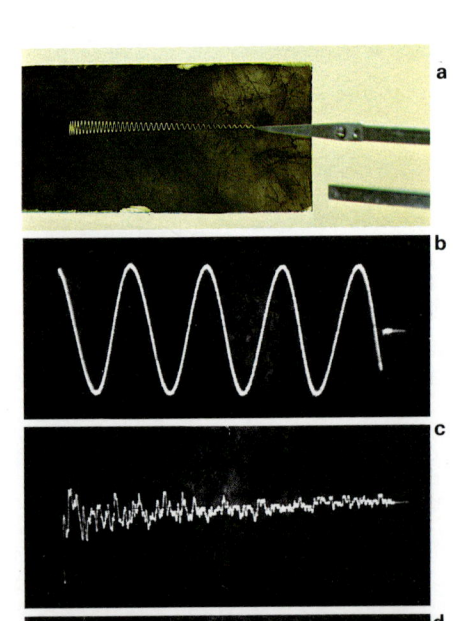

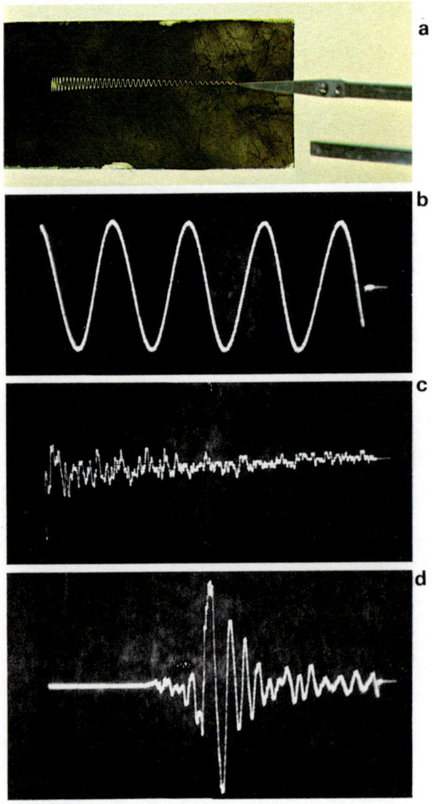

30.2 Schwingungsbilder:
a, b Ton, c Geräusche, d Knall

Lautstärke und Tonhöhe. Wir unterscheiden leise und laute Töne, tiefe und hohe Töne. Wie muß ein Schallerreger schwingen, damit er einen lauteren bzw. einen höheren Ton aussendet?

V Mit einem elektrischen Gerät, einem „Tongenerator*", und einem Lautsprecher erzeugen wir einen Ton. Durch ein Mikrofon und ein Oszilloskop nehmen wir sein Schwingungsbild auf (Abb. 31.1a). Vergrößern wir die Lautstärke des Tones, vergrößert sich die Amplitude. Die Anzahl der Schwingungen pro Sekunde, also die Frequenz, bleibt gleich (Abb. 31.1b).

Dieses Ergebnis war zu erwarten: Will man z. B. mit einem Saiteninstrument lauter musizieren, muß man seine Saiten kräftiger anschlagen.

V Mit wachsender Tonhöhe nimmt die Anzahl der Schwingungen auf dem Oszilloskopschirm zu (Abb. 31.1c).

Töne sind um so höher, je häufiger sich der Schallerreger pro Sekunde hin und her bewegt.

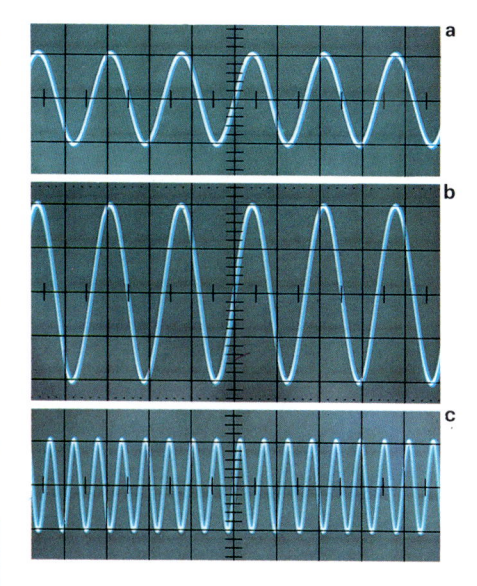

Ein Schallerreger tönt
– um so lauter, je größer seine Amplitude ist,
– um so höher, je größer seine Frequenz ist.

31.1 a Ton, b lauterer Ton, c höherer Ton

Der Hörbereich. Nur wenn ein Stahlband genügend „schnell" schwingt, sendet es einen hörbaren Ton aus. Ab welcher Frequenz hören wir Töne?

Bei der Beantwortung hilft uns der Tongenerator. Er ist *geeicht*. Das bedeutet: Er ist mit einer Skala versehen, auf der die Frequenz der erzeugten Schwingung ablesbar ist. Auch das Oszilloskop ist geeicht: Es ist bekannt, in welcher Zeit sich der Lichtfleck jeweils um eine Einheit (z. B. 1 cm) nach rechts bewegt. Wir können die beiden Geräte leider nicht selbst eichen. Wir können nur überprüfen, ob die beiden Eichungen übereinstimmen.

V Am Tongenerator stellen wir 100 Hz ein und erzeugen mit ihm und einem Lautsprecher einen Ton. Seine Periodendauer ist also $\frac{1}{100}$ s. Durch ein Mikrofon und ein Oszilloskop nehmen wir sein Schwingungsbild auf. Der Lichtfleck wird in $\frac{1}{200}$ s um eine Einheit nach rechts bewegt. Tatsächlich lesen wir auf dem Oszilloskopschirm für eine Vollschwingung 2 Einheiten ab: Sie dauert also $2 \cdot \frac{1}{200}$ s $= \frac{1}{100}$ s.

Zurück zu unserem Problem!

Wir stellen nun eine Frequenz von ein paar Hz ein. Auf dem Oszilloskopschirm ist ein Schwingungsbild zu sehen. Der Lautsprecher sendet also Schall aus. Wir hören aber nichts! Nun erhöhen wir langsam die Frequenz. Erst bei ungefähr 20 Hz nehmen wir ein tiefes Brummen wahr. Bei 80 Hz erreichen wir den tiefsten Ton einer menschlichen Baßstimme. Zwischen 100 und 200 Hz liegen die Frequenzen der Sprechlaute einer normalen Männerstimme, zwischen 200 und 400 Hz die einer normalen Frauenstimme. Mit 1000 Hz erreichen wir den höchsten Ton einer menschlichen Singstimme, einer Sopranstimme. Mit wachsender Frequenz empfinden wir nun die zunehmende Höhe der Töne immer unangenehmer. Ab ca. 15 kHz nehmen einige Zuhörer schließlich nichts mehr wahr; nur wenige registrieren noch Töne von 20 kHz.

Der Mensch nimmt Schall im Bereich von 20 Hz bis 20 kHz wahr.
Der Schall, dessen Frequenz unterhalb der unteren Hörgrenze von 20 Hz liegt, heißt *Infraschall**. Der Schall dessen Frequenz oberhalb der oberen Hörgrenze von 20 kHz liegt, heißt *Ultraschall**.

Der Frequenzbereich, in dem Lebewesen Laute wahrnehmen können (*Hörbereich*), ist erheblich umfangreicher als der Frequenzbereich, in dem sie Laute hervorbringen (*Stimmbereich*); siehe dazu Abb. 32.1.

Die Tonleiter. Es gibt ein „physikalisches Musikinstrument", das ohne einen schwingenden Schallerreger auskommt und die Luftverdichtungen und -verdünnungen auf ungewöhnliche Weise erzeugt: die *Lochsirene**.

V Eine Kreisscheibe enthält 8 Lochreihen, die um den Scheibenmittelpunkt auf Kreisen angeordnet sind (Abb. 32.2). Der innerste Kreis besitzt in gleichen Abständen 24 Löcher; die weiteren Kreise enthalten 27, 30, 32, 36, 40, 45 und 48 Löcher.

Die Scheibe wird nun in Drehung versetzt. Blasen wir bei gleichbleibender Drehzahl mit einem Glasrohr Luft gegen die innerste Reihe, entsteht ein Ton: Trifft der Luftstrom auf ein Loch, wird er durchgelassen, und die Luft wird hinter dem Loch verdichtet. Da sich die Scheibe weiterdreht, wird dann der Luftstrom vom undurchlässigen Teil zwischen den Löchern unterbrochen. Macht die Scheibe eine Umdrehung pro Sekunde, wird die Luft hinter der innersten Lochreihe durch die Luftstromstöße 24 mal pro Sekunde verdichtet. Macht die Scheibe 10 Umdrehungen pro Sekunde, entstehen 240 Luftverdichtungen pro Sekunde. Wir nehmen dann einen Ton der Frequenz 240 Hz wahr.

Blasen wir bei gleichbleibender Drehzahl die Lochreihen nacheinander von innen nach außen an, hören wir eine *Dur-Tonleiter*. Der achte, der höchste Ton klingt um eine *Oktave** höher als der erste, der tiefste Ton. Der tiefste Ton heißt *Grundton*. Da die äußerste Lochreihe doppelt so viele Löcher wie die innerste hat, ist die Frequenz des höchsten Tons doppelt so groß wie die des Grundtons.

Der um eine Oktave höhere Ton besitzt die doppelte Frequenz des Grundtons.

32.1 Stimmbereiche (rot) und Hörbereiche (blau)

Schallaufzeichnung und -wiedergabe. Die erste Schallaufzeichnung gelang dem berühmtesten Erfinder aller Zeiten, dem Amerikaner Thomas Alva Edison, im Jahre 1877. Sein Phonograph* (Abb. 33.1) besaß eine mit Metallfolie umwickelte Walze. Wurde diese mit einer Handkurbel gedreht, bewegte sie sich gleichzeitig etwas in waagrechter Richtung weiter. Die durch einen Trichter aufgefangenen Töne versetzten eine Membran in Schwingungen. Eine damit verbundene Nadel preßte eine Tonspur schraubengewindeförmig auf die Folie.

Für die Wiedergabe wurde ein Abspielstift in die geschlängelte Spurrille gesetzt. Beim Drehen der Walze glitt er die Tonspur entlang und versetzte eine zweite Membran in Schwingungen. – Dazu ein einfacher Versuch:

V Wir befestigen an einer Postkarte eine Nähnadel. Nun halten wir ihre Spitze in die Rille einer ausgedienten, sich auf dem Plattenspieler drehenden Schallplatte. Die Nadel zwingt der Postkarte die aufgezeichneten Schwingungen auf. Der so erzeugte Schall ist deutlich hörbar.

32.2 Die Lochsirene

An Edisons Verfahren hat sich bis heute grundsätzlich nichts geändert. Viele technische Verbesserungen haben die Qualität aber erheblich gesteigert: Anstatt der Walze verwendete man schon bald eine runde Platte (Abb. 33.2). Der Schall wird über ein Mikrofon aufgenommen. Über einen elektrischen Tonarm wird er von der Platte abgenommen, verstärkt und durch einen Lautsprecher wiedergegeben. Bei der Compact Disc (CD), die im Jahre 1982 weltweit eingeführt wurde, tastet ein Laserstrahl berührungslos die winzigen Vertiefungen ab.

Aufgaben

1. **a** Eine fliegende Biene summt (Abb. S. 23). Eine fliegende Hummel brummt. Wie entstehen diese so unterschiedlichen Töne? Warum hört man einen fliegenden Schmetterling nicht?
   b Ein Hund nimmt den Schrei einer Fledermaus wahr. Hört den Schrei auch ein Mensch bzw. eine Katze? (Abb. 32.1)
   c Die Polizei verwendet Ultraschallpfeifen, mit denen Polizeihunden „lautlos" Befehle gegeben werden können. Was läßt sich über die Frequenz des Pfeiftons aussagen?

2. *Die C-Dur-Tonleiter*
   a Unsere Lochsirene enthält von innen nach außen 24, 27, 30, 32, 36, 40, 45, 48 Löcher. Die Scheibe führt pro Sekunde 11 Umdrehungen aus. Bläst man sie von innen nach außen an, erklingt die C-Dur-Tonleiter: c', d', e', f', g', a', h', c'' (Abb. 33.3). Berechne die Frequenzen dieser Töne!
   b Eine Stubenfliege sendet beim Fliegen den Ton f' aus, eine Hummel den Ton a. Beim Anfliegen einer Blüte erzeugt eine Biene den Ton a', beim Wegfliegen – mit Blütenstaub und Nektar beladen – den Ton e'. Wie viele Flügelschläge pro Sekunde macht jeweils jedes Insekt?

3. „Der lärmende Meereschor"
   Fische sind nicht stumm. Sie besitzen zwar keine Stimmbänder, aber das hindert sie nicht daran, Laute von sich zu geben. Im allgemeinen geschieht das durch Knirschen mit den Zähnen oder Aneinanderreiben der Brustflossen. Manche Fische erzeugen sogar durch das Zusammenziehen und Entspannen der Schwimmblase Laute.
   a Der Teufelsfisch mit seiner an ein brummendes Nebelhorn erinnernden Stimme benötigt dafür 0,0033 s bis 0,013 s. Welchen Stimmbereich hat er? Wie viele Oktaven erfaßt dieser?
   b Der Bassist der Wasserwelt, der Dorsch (Abb. 33.4), braucht für ein Zusammenziehen und Entspannen der Schwimmblase 0,020 s bis 0,025 s. Welchen Stimmbereich hat er? Wie viele Stufen der Tonleiter sind das?
   c Obwohl Fische kein äußeres Ohr haben, hören sie: Der Schall versetzt die Schwimmblase in Schwingungen und ein Knöchelchen leitet diese an das Innenohr weiter. Die meisten Fische hören Töne mit einer Schwingungsdauer von 0,0005 s bis 1 s. Die Hörgrenze des Karpfenartigen liegt eine Oktave höher, die des Zwergwelses sogar zwei.
   Gib jeweils die Hörbereiche an!

4. *Schallplattenphysik*
   a Wie ändern sich die Töne einer Schallplatte, wenn man sie anstatt mit 33 Umdrehungen pro Minute mit 45 Umdrehungen pro Minute abspielt? Mit wieviel Umdrehungen pro Minute müßte man sie abspielen, damit das Musikstück um eine Oktave höher erklingt?
   b Die Tonspur führt auf einer Schallplatte spiralförmig von außen nach innen. Unterscheiden sich die Spuren eines Tones, je nachdem, ob er weiter außen oder innen aufgezeichnet ist? Begründung!
   c Muß man die Postkartenfläche im Versuch von Seite 32 in Richtung des Radius oder senkrecht dazu halten, damit die erzeugte Lautstärke am größten ist?

33.1 Edisons Phonograph

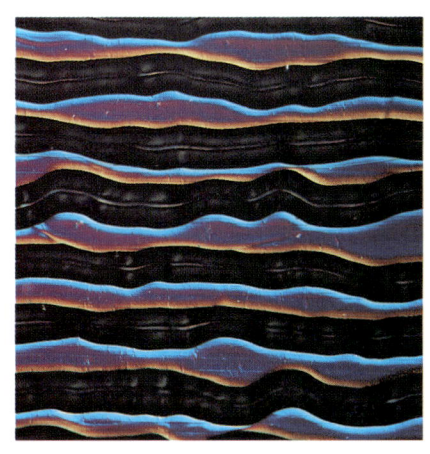

33.2 Schallplattenrillen (vergrößert)

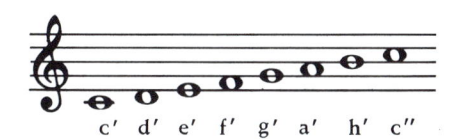

33.3 C-Dur-Tonleiter

33.4 Fische sind nicht stumm

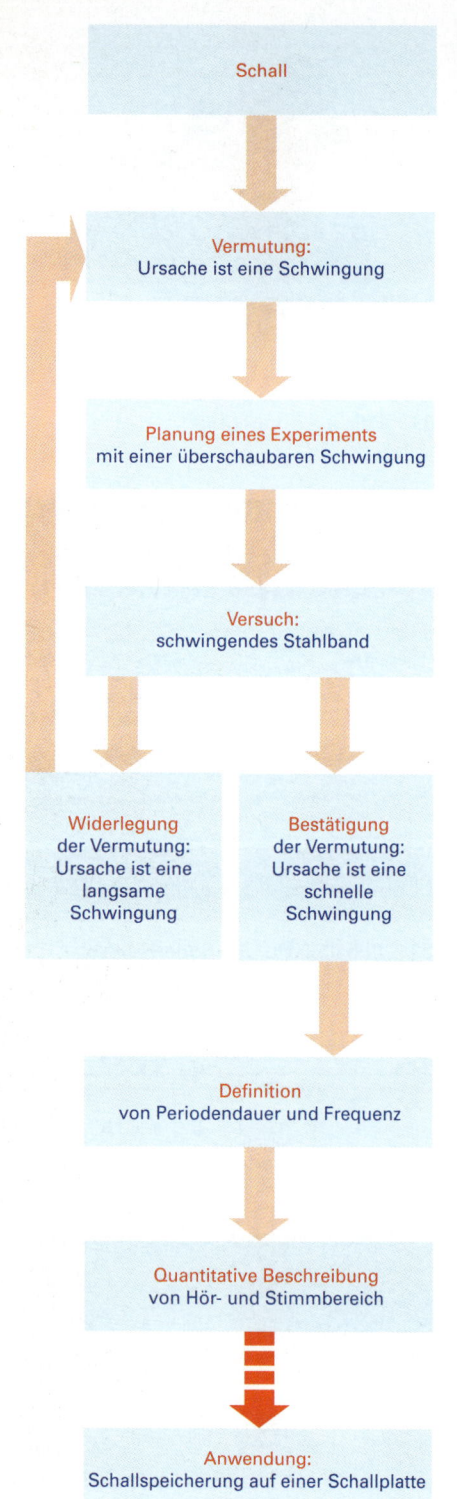

3.4. Unser Vorgehen

Wir haben bei der Untersuchung des Schalls einige wichtige Schritte kennengelernt, wie man in der Physik *Erkenntnisse* gewinnt (Abb. 34.1 und 34.2).

Häufig steht am Anfang eine Naturerscheinung. Die Beobachtung von Schallerregern hat uns zur Vermutung geführt, daß schwingende Körper Schall erzeugen. Die *„Frage an die Natur"*, ob unsere Vermutung richtig ist, ist ein *Experiment*. Wir zwingen die Natur, Antwort zu geben, indem wir *Versuche* durchführen. Ein schwingendes Stahlband sollte unsere Vermutung bestätigen. Zunächst war aber nichts zu hören. War unsere Vermutung falsch? Wir verkürzten das Stahlband und erkannten, daß nur schnell schwingende Körper Schall erzeugen. Um die vagen Bezeichnungen langsame bzw. schnelle Schwingung genauer zu erfassen, legten wir fest, was wir unter Periodendauer und Frequenz verstehen. Dadurch schufen wir die Grundlage, die *qualitativen* Aussagen nun *quantitativ* zu fassen. Durch eine Folge weiterer Versuche verbesserten wir unsere Vorstellung vom Schall. Das Nachdenken über Versuchsergebnisse und das Planen neuer Experimente brachte uns Schritt für Schritt weiter. Schließlich gewannen wir quantitative Aussagen über den Hör- und Stimmbereich. Der Schall wurde vom menschlichen Hörvermögen losgelöst und durch die Begriffe Ultra- und Infraschall erweitert.

Der amerikanische Erfinder Thomas Alva Edison hatte die Idee, eine Tonaufzeichnung auch umgekehrt zur Wiedergabe zu nutzen. Er erfand den Phonograph. Ingenieure und Techniker verwerteten für Verbesserungen immer wieder neuere physikalische Erkenntnisse. Der Weg führte von der Tonspur auf einer Walze über die Schallplatte bis hin zur Compact Disc, die ein Laserstrahl abtastet.

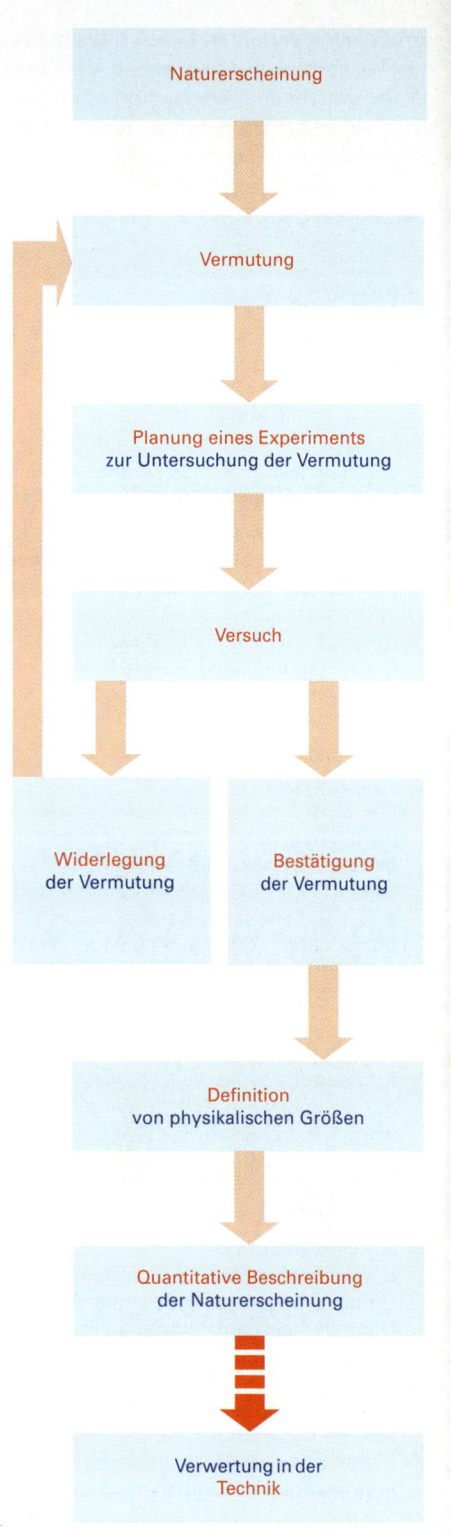

34.1

Schall → Vermutung: Ursache ist eine Schwingung → Planung eines Experiments mit einer überschaubaren Schwingung → Versuch: schwingendes Stahlband → Widerlegung der Vermutung: Ursache ist eine langsame Schwingung / Bestätigung der Vermutung: Ursache ist eine schnelle Schwingung → Definition von Periodendauer und Frequenz → Quantitative Beschreibung von Hör- und Stimmbereich → Anwendung: Schallspeicherung auf einer Schallplatte

34.2

Naturerscheinung → Vermutung → Planung eines Experiments zur Untersuchung der Vermutung → Versuch → Widerlegung der Vermutung / Bestätigung der Vermutung → Definition von physikalischen Größen → Quantitative Beschreibung der Naturerscheinung → Verwertung in der Technik

4. Kräfte und ihre Wirkungen

4.1. Die Geschwindigkeit

Wer ist schneller? Wie läßt sich diese Frage klären? Abb. 36.1 zeigt die Lösung bei einem 100-m-Lauf: Der Schnellste erreicht als erster die Ziellinie. Zusätzlich mißt man die Laufzeit: Dann kann man das Ergebnis auch mit dem jener Sprinter vergleichen, die an diesem Wettbewerb nicht beteiligt sind.
Schneller ist, wer den gleichen Weg in der kürzeren Zeit zurücklegt.

Bei den Laufwettbewerben der Leichtathletik ist die Länge der Laufstrecke vorgegeben, bei einem Sechstagerennen (Abb. 36.2) dagegen die Fahrzeit von 145 Stunden. Gewonnen hat hier das Fahrerpaar, das in dieser Zeit die meisten Runden, also den längsten Weg zurückgelegt hat.
Schneller ist, wer in der gleichen Zeit einen längeren Weg zurücklegt.

Die gleichförmige Bewegung. Ein Läufer ist im allgemeinen nicht ständig gleich schnell: Wenn er „spurtet", legt er in einer Sekunde eine längere Strecke zurück als sonst. Legt ein Körper dagegen *in gleich langen Zeitabschnitten stets gleich lange Strecken* zurück, so spricht man von einer gleichschnellen oder einer *gleichförmigen Bewegung*.

Bewegt sich eine Spielzeuglok – nach dem Anfahrvorgang – gleichförmig?

V Auf einer geraden Schiene sind im Abstand von jeweils 20 cm Wegmarken angebracht (Abb. 36.3a). Da wir den Anfahrvorgang nicht betrachten, starten wir die Lok ein Stück vor der Meßstrecke. Erreicht die Lok die 1. Markierung, setzen mehrere Schüler Handstoppuhren in Gang. Erreicht die Lok eine weitere Markierung, stoppen jeweils drei Schüler. Die Weglänge s und die zugehörigen Zeitwerte t_1, t_2 und t_3 halten wir in einer Tabelle fest (Abb. 36.3b).

Die Meßwerte für eine Teilstrecke weichen etwas voneinander ab. Wenn sich einer dieser Meßwerte erheblich von den anderen unterscheidet, dürfte er falsch sein, und er wird verworfen. Welcher Wert ist aber der richtige? Bei nur drei Meßwerten läßt sich die Frage nicht beantworten. Liegen dagegen viele vor, dürfte es der Mittelwert sein: Wahrscheinlich haben einige Schüler zu früh gestoppt, andere dafür zu spät.

Für die Auswertung der Tabelle bilden wir trotz der wenigen Messungen die Mittelwerte. Eine *Meßunsicherheit* von ein paar Zehntel Sekunden ist aber bei diesen kleinen Zeitwerten recht beträchtlich. Wir helfen uns durch einen Trick: Wir zeichnen eine grafische Darstellung, ein *Zeit-Weg-Diagramm*. Nach rechts wird t, nach oben s abgetragen; man nennt es deshalb auch *t-s-Diagramm*. Da wir eine „glatte Kurve" durch die Meßpunkte legen, glätten wir die Meßfehler (Abb. 37.1a). Es ergibt sich eine *Ursprungsgerade*. Der 3. Meßwert ist offensichtlich recht ungenau. Er hätte uns zu falschen Folgerungen verleitet.

Aus dem t-s-Diagramm entnehmen wir: In der ersten Sekunde legt die Lok 11 cm zurück, in der zweiten 11 cm, in der dritten 11 cm, usw. Die Bewegung ist also gleichförmig.

Da in gleich langen Zeitabschnitten stets gleich lange Wegstrecken zurückgelegt werden, bedeutet das auch: In der doppelten Zeit legt die Lok die doppelte Weglänge, in der dreifachen Zeit die dreifache Weglänge zurück. Oder: In der n-fachen

36.1 Zieleinlauf

36.2 Sechstagerennen

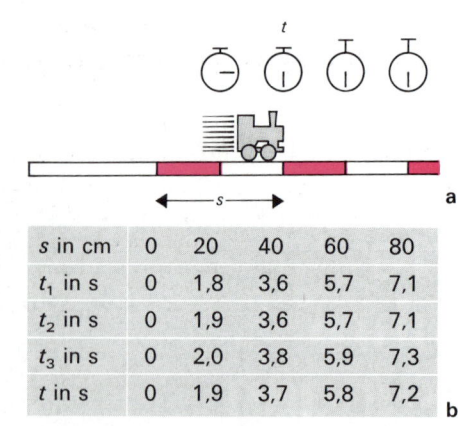

s in cm	0	20	40	60	80
t_1 in s	0	1,8	3,6	5,7	7,1
t_2 in s	0	1,9	3,6	5,7	7,1
t_3 in s	0	2,0	3,8	5,9	7,3
t in s	0	1,9	3,7	5,8	7,2

36.3 Weg-Zeit-Messungen bei einer Spielzeuglok

Zeit wird die *n*-fache Weglänge zurückgelegt. Für diesen einfachsten Zusammenhang zweier Meßgrößen hat man eine besondere Bezeichnung eingeführt:

> Bringt der *n*-fache Wert der einen Meßgröße den *n*-fachen Wert der anderen mit sich, so heißen die Größen (direkt) *proportional*.*

Für „ist proportional zu" schreibt man das Zeichen „∼". Deshalb lautet das Ergebnis auch: Die Länge *s* des von der Lok zurückgelegten Weges ist zur Fahrzeit *t* proportional. Oder kurz: $s \sim t$.

Da eine Ver-*n*-fachung der Zeit eine Ver-*n*-fachung der Weglänge mit sich bringt, ergeben zusammengehörige Wertepaare – im Rahmen der Meßgenauigkeit – stets den gleichen Wert für den Quotienten s/t (Tab. 37.2, auf zwei Ziffern gerundet). Man sagt dafür auch: Die *Wertepaare sind quotientengleich*.

V Wir wiederholen den ersten Versuch mit weiter aufgedrehtem Fahrtrafo. Aus Tab. 37.3 und dem zugehörigen *t-s*-Diagramm (Abb. 37.1b) entnehmen wir: Die Lok fährt schneller. Es ist wieder $s \sim t$. Für zusammengehörige Wertepaare hat der Quotient s/t wieder einen *konstanten** (gleichbleibenden) Wert; dieser ist aber größer als im ersten Fall. Der Quotient s/t beschreibt die Schnelligkeit: Sein Wert ist um so größer, je größer *s* ist und je kleiner *t* ist.

> Der Quotient aus der Länge *s* des zurückgelegten Weges und der dazu benötigten Zeit *t* heißt Geschwindigkeit *v*:
>
> Geschwindigkeit = $\dfrac{\text{Weg}}{\text{Zeit}}$ oder kurz: $v = \dfrac{s}{t}$.

Die Buchstaben *v* und *s* leiten sich vom engl. **v**elocity (Geschwindigkeit) bzw. **s**pace (Raum) her.

Geschwindigkeitseinheiten – Rechnen mit Meßgrößen. Bei der Berechnung der Geschwindigkeit ist wichtig, ob der Weg in Zentimeter, Meter oder Kilometer und die Zeit in Sekunden, Minuten oder Stunden gemessen wurden. Deshalb dürfen in der Physik in Rechnungen mit Meßgrößen die Einheiten nie fehlen. Man schreibt zum Beispiel:

$$v = \dfrac{s}{t} = \dfrac{40 \text{ cm}}{3{,}7 \text{ s}} = 11 \dfrac{\text{cm}}{\text{s}}.$$

Dividiert man 40 durch 3,7 ergibt sich 10,81081... . Da sowohl die Länge als auch die Zeit auf 2 geltende Ziffern genau gemessen wurden, ist es sinnvoll, den Wert des Quotienten auf 2 geltende Ziffern zu runden. In der Physik benutzt man dabei trotzdem das Gleichheitszeichen (statt ≈).

> Faustregel: Ist der ungenaueste Wert einer Rechnung mit 3 (bzw. 2) geltenden Ziffern bekannt, so ist das Ergebnis auf 3 (bzw. 2) geltende Ziffern zu runden.

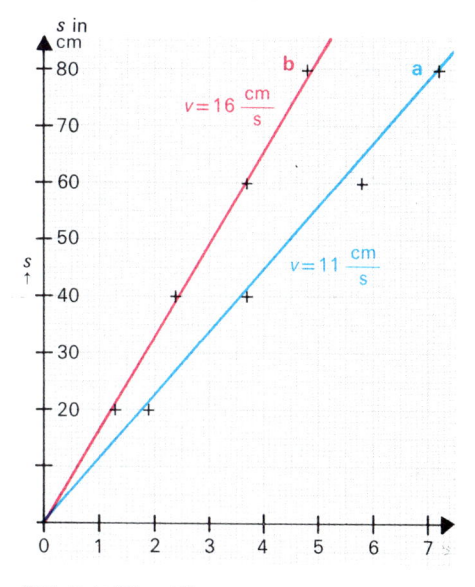

37.1 Zeit-Weg-Diagramm

s in cm	0	20	40	60	80
t in s	0	1,9	3,7	5,8	7,2
$\dfrac{s}{t}$ in $\dfrac{\text{cm}}{\text{s}}$	–	11	11	10	11

37.2 Quotientengleichheit der Wertepaare

s in cm	0	20	40	60	80
t in s	0	1,3	2,4	3,7	4,8
$\dfrac{s}{t}$ in $\dfrac{\text{cm}}{\text{s}}$	–	15	17	16	17

37.3 Weg-Zeit-Messung bei schneller Fahrt

Schnecke	1 mm/s
Fußgänger	1,5 m/s
Maus	3 m/s
Radfahrer	5,5 m/s
100-m-Läufer	10 m/s
Elefant	10 m/s
Hase	18 m/s
Pferd	20 m/s
Känguruh	23 m/s
Antilope	30 m/s
Gepard	32 m/s
Schwalbe	100 m/s
Düsenflugzeug	800 m/s
Erdsatellit	8 km/s
Erde um die Sonne	30 km/s
Licht	300 000 km/s

38.1 Interessante Geschwindigkeiten

Auf den gerundeten Zahlenwert 11 folgt noch die Einheit $\frac{cm}{s}$. Sie wird gesprochen „Zentimeter durch Sekunde". Anschaulich besagt die Geschwindigkeitsangabe 11 $\frac{cm}{s}$, daß die Lok *in einer* Sekunde oder *pro* Sekunde die Weglänge 11 cm zurücklegt.

Da die Einheiten in der Physik sehr wichtig sind, hat man für „Einheit von" ein Symbol aus eckigen Klammern als Abkürzung eingeführt. Für die Geschwindigkeitseinheit ergibt sich die folgende Schreibweise:

$[v] = \frac{[s]}{[t]}$ (Gelesen: Einheit von v gleich Einheit von s durch Einheit von t).

Die Einheit der Geschwindigkeit ist also eine Längeneinheit dividiert durch eine Zeiteinheit. Häufig benützt werden die Einheiten 1 m/s (sprich „Meter durch Sekunde") und 1 km/h (sprich „Kilometer durch Stunde"). Im täglichen Leben sagt man oft auch „Stundenkilometer", was auf eine Produkt der Form „h km" hinweisen würde. Eine solche Einheit ist unzulässig und irreführend, da die Geschwindigkeit als Quotient s/t und nicht als Produkt dieser Größen definiert ist.

Die größte Geschwindigkeit hat das Licht (vgl. Tab. 38.1). Die größte vom Menschen erreichte Geschwindigkeit ist die eines Sprinters, der 100 m in 10 s zurücklegt:

$$v = \frac{s}{t} = \frac{100 \text{ m}}{10 \text{ s}} = 10 \frac{\text{m}}{\text{s}} = 10 \cdot \frac{\frac{1}{1000} \text{ km}}{\frac{1}{3600} \text{ h}} = 10 \cdot \frac{3600 \text{ km}}{1000 \text{ h}} = 36 \frac{\text{km}}{\text{h}}.$$

Merke dir: 10 m/s = 36 km/h.

Musteraufgabe (Abb. 38.2)

Ein Auto fährt auf der Autobahn von Stuttgart nach Düsseldorf. Dabei wird über längere Zeit eine konstante Geschwindigkeit eingehalten: Der Tachometer* zeigt 100 km/h an. Zur Kontrolle der Tachometeranzeige mißt ein Mitfahrer an Hand der kleinen blauen km-Schilder am Rand der Autobahn die Zeit für 1,0 km zu 36 s.

a Welchen Wert erhält er für die Geschwindigkeit des Autos?
b Welche Weglänge hat das Auto nach 18 min zurückgelegt?
c Wie lange würde bei dieser als gleichbleibend angenommenen Geschwindigkeit die Fahrt bis Düsseldorf ($s = 420$ km) dauern?

Lösung:

a Gegeben: $s = 1,0$ km, $t = 36$ s Gesucht: v

$v = \frac{s}{t} = \frac{1,0 \text{ km}}{36 \text{ s}} = \frac{1 \text{ km}}{36 \cdot \frac{1}{3600} \text{ h}} = \frac{3600 \text{ km}}{36 \text{ h}} = 100 \frac{\text{km}}{\text{h}}$ (gleichförmige Bewegung).

Er erhält den gleichen Wert, den auch der Tachometer anzeigt.

b Geg.: $v = 100$ km/h, $t = 18$ min $= \frac{18}{60}$ h $= 0,3$ h   Ges.: s

$v = \frac{s}{t} \bigg| \cdot t \quad \Rightarrow \quad s = vt = 100 \frac{\text{km}}{\text{h}} \cdot 0,3 \text{ h} = 30 \text{ km}$

c Geg.: $v = 100$ km/h, $s = 420$ km   Ges.: t

$v = \frac{s}{t} \bigg| \cdot t : v \quad \Rightarrow \quad t = \frac{s}{v} = \frac{420 \text{ km}}{100 \frac{\text{km}}{\text{h}}} = 4,2 \text{ h}$

Erfassen des Problems
|
Gegebene und gesuchte Größen entnehmen
|
Angabe einer Gleichung zwischen diesen Größen (mit Begründung)
|
Auflösen nach der gesuchten Größe
|
Einsetzen der gegebenen Werte mit den Einheiten
|
Ausrechnen unter Verwendung der Einheiten
|
Überprüfen, ob das Ergebnis sinnvoll ist

38.2 Lösungsschritte bei Rechenaufgaben

Die Schallgeschwindigkeit. Die Entfernung eines Gewitters schätzen wir mit der bekannten Faustregel ab: Für je 3 Sekunden, die vom Sehen des Blitzes bis zum Hören des Donners verstreichen, nehmen wir eine Entfernung von 1 km an. Da Blitz und Donner zur gleichen Zeit am gleichen Ort entstehen, und das Licht für 1 km eine vernachlässigbare geringe Zeit benötigt, geht die Regel davon aus, daß der Schall für 1 km etwa 3 Sekunden braucht. Die Schallgeschwindigkeit müßte also ungefähr 330 m/s betragen. Ist das ein grober oder ein guter Näherungswert? Dürfen wir überhaupt annehmen, daß sich der Schall mit gleichbleibender Geschwindigkeit ausbreitet? Diese Fragen klären wir durch einen Versuch.

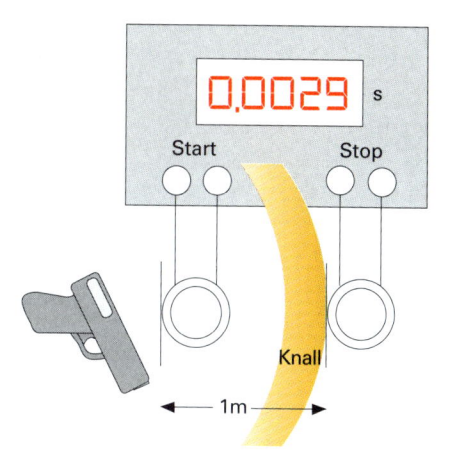

V Wir schließen an einen elektrischen Kurzzeitmesser zwei Mikrofone an. Mit einer Kinderpistole erzeugen wir einen Knall (Abb. 39.1): Trifft der Schall auf das erste Mikrofon, wird der Zeitmesser gestartet. Trifft der Schall auf das zweite Mikrofon, das im Abstand s dahinter steht, wird der Zeitmesser gestoppt. Für die Strecke $s_1 = 0{,}50$ m messen wir die Laufzeit $t_1 = 0{,}0015$ s, für $s_2 = 1{,}00$ m die Zeit $t_2 = 0{,}0029$ s und für $s_3 = 2{,}00$ m die Zeit $t_3 = 0{,}0059$ s.

Eine Verdoppelung, Verdreifachung der Wegstrecke bringt eine Verdoppelung, Verdreifachung der Laufzeit mit sich. Der Schall breitet sich also gleichförmig aus. Die Schallgeschwindigkeit ist konstant:

$$v = \frac{s}{t} = \frac{2{,}00 \text{ m}}{0{,}0059 \text{ s}} = 340 \frac{\text{m}}{\text{s}}$$

39.1 Laufzeitmessung des Schalls

Genaue Untersuchungen haben ergeben, daß die Schallgeschwindigkeit mit wachsender Temperatur etwas zunimmt.

> Die Schallgeschwindigkeit beträgt in Luft etwa $340 \frac{\text{m}}{\text{s}}$.

In Tab. 39.2 sind für weitere Stoffe Schallgeschwindigkeiten angegeben.

Die ungleichförmige Bewegung. Ein Auto, ein Radfahrer, ja selbst ein Fußgänger bewegt sich normalerweise nicht ständig gleich schnell: Gleich lange Teilstrecken werden in verschieden langen Zeitabschnitten zurückgelegt. Dividiert man die gesamte Weglänge s durch die dafür benötigte Zeit t, erhält man die *mittlere Geschwindigkeit v*. Sie bedeutet: Hätte sich der Körper mit der konstanten Geschwindigkeit v bewegt, hätte er gerade in der Zeit t die Weglänge s zurückgelegt.

Die in geschlossenen Ortschaften vorgeschriebene Höchstgeschwindigkeit von 50 km/h darf in keinem Augenblick überschritten werden; sie bezeichnet keine mittlere Geschwindigkeit, sondern ein höchstzulässige *Momentangeschwindigkeit*. Wollen wir diese messen, müssen wir das Wegstück so klein wählen, daß von der Ungleichförmigkeit der Bewegung nichts zu merken ist. Dabei ist eine sehr hohe Genauigkeit bei der Zeitmessung nötig. *Die Momentangeschwindigkeit ist die für ein genügend kleines Wegstück gemessene mittlere Geschwindigkeit.*

Stoff	Schallgeschwindigkeit in m/s
Kohlendioxid	270
Sauerstoff	330
Luft	340
Wasserstoff	1310
Alkohol	1180
Wasser	1480
Kautschuk	50
Blei	1200
Kupfer	3700
Glas	5000
Eisen	5200

39.2 Schallgeschwindigkeiten (bei 20°C)

Aufgaben

1. *Meßungenauigkeit*
Bei den Olympischen Spielen in München (1972) schlug im Schwimmwettbewerb „400-m-Lagen" der Amerikaner Tim McKee 2 tausendstel Sekunden nach dem Schweden Gunnar Larsson an und gewann damit „nur" die Silbermedaille.

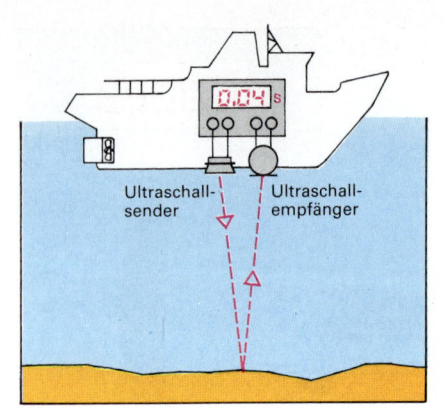

40.1 Das Echolot

40.2 Langohrfledermaus

s in m	t in s	s in m	t in s
100	8,6	600	27,4
200	13,5	700	30,4
300	17,5	800	33,4
400	21,0	900	36,1
500	24,3	1000	38,9

40.3 Weg-Zeit-Messung für einen anfahrenden PKW

a Die Geschwindigkeit der Schwimmer betrug 1,5 $\frac{m}{s}$. Wieviel Millimeter Vorsprung hatte Larsson vor McKee?

b Bei einer späteren Renovierung des Olympiabades stellte sich heraus, daß die 50 m lange Bahn, die McKee 8mal zu schwimmen hatte, 1 mm länger war als die von Larsson. Wie wäre der Wettbewerb ausgegangen, wenn das nicht der Fall gewesen wäre?

2. Berechne jeweils die fehlende Größe!

	a Haarewachsen	b Regentropfen	c Brieftaube	d Radrennfahrer	e Skirennfahrer
s	1,0 cm	4000 m	? km	225 km	2400 m
t	1,0 Monat	? min	1,0 h	6,0 h	? s
v	? mm/s	8 m/s	20 m/s	? m/s	108 km/h

3. *Die Geschwindigkeitseinheit „1 Knoten".*
In der Schiffahrt verwendet man die Längeneinheit 1 Seemeile (1 sm). Dieses Längenmaß hängt mit der Größe der Erde zusammen: Man erhält es, indem man den Erdumfang von 40 000 km zunächst in 360 gleiche Teile und dann diese noch in je 60 gleiche Teile zerlegt.

a Zeige, daß 1 sm = 1852 m ist.

b Die Geschwindigkeitseinheit 1 Seemeile/Stunde (1 sm/h) heißt 1 Knoten (1 kn). Zeige, daß 1 kn ≈ 0,5 $\frac{m}{s}$ ist. Rechne 1 kn in km/h um!

c Auf einem Schiff ist auf dem Vorschiff und 50 m davon entfernt achtern je eine Marke angebracht. Jemand wirft bei der vorderen Marke ein Stück Holz über Bord. Nach 20 s passiert das schwimmende Holzstück die zweite Markierung. Welche Geschwindigkeit (in kn) hat das Schiff?

4. Jemand schaut in einem gleichförmig fahrenden Zug beim Passieren eines Kilometersteins auf seine Uhr. 30 Sekunden später fährt der Zug am nächsten Kilometerstein vorbei.

a Zeichne für das Zeitintervall von 0 bis 10 min ein t-s-Diagramm!

b Berechne die Geschwindigkeit des Zuges in km/h!

c Wie sieht das t-s-Diagramm aus, wenn der Zug langsamer bzw. schneller ist?

5. Ein Auto fährt mit einer Geschwindigkeit v = 54 km/h.

a Rechne diesen Wert in m/s um!

b Zeichne für das Zeitintervall von 0 bis 10 s ein t-s-Diagramm!

c Vom Erkennen einer Gefahr bis zum Betätigen der Bremse verstreicht etwa 1 Sekunde, die „Schrecksekunde". Welchen Weg legt das Auto in dieser zurück? Wie lang ist der Anhalteweg, wenn noch ein Bremsweg von etwa 25 m hinzukommt?

6. Die Sonne ist von der Erde 150 000 000 km entfernt, der Mond 384 000 km. Wie lang braucht das Licht von der Sonne zur Erde? Wie lang braucht es vom Mond zur Erde?

7. *Das Echo**
Ein Echo entsteht, wenn der Schall an einer Wand zurückgeworfen wird und dann wieder zum Ausgangspunkt zurückkehrt.

a Erkläre das Zurückwerfen des Schalls an einer Wand (vgl. S. 25).

b Der Trompetenbläser vom Königssee hört nach 1,5 s das Echo. Wie weit ist die Felswand entfernt?

c Zur Bestimmung der Meerestiefe sendet ein Schiff im Ultraschallbereich einen kurzen Ton in Richtung des Meeresbodens aus (Abb. 40.1). Nach 0,040 s empfängt es das Echo. Wie tief ist das Meer?

d Fledermäuse sehen sehr schlecht; sie „erhören" ihre Umgebung (Abb. 40.2). In kurzen Abständen stoßen sie Schreie im Ultraschallbereich aus. Mit dem Echo erkennen sie die Umgebung. Ein Nachtfalter ist 10 m bzw. 1 m entfernt. Nach welcher Zeit hört die Fledermaus das Echo ihres „Peilrufs"?

8. In Tab. 40.3 sind Weg-Zeit-Messungen für einen anfahrenden Pkw festgehalten.

a Zeichne ein t-s-Diagramm. Ist $s \sim t$? Begründung!

b Berechne für den gesamten Anfahrvorgang die mittlere Geschwindigkeit!

c Berechne jeweils einen Näherungswert für die Momentangeschwindigkeit zum Zeitpunkt t_1 = 11,0 s und zum Zeitpunkt t_2 = 37,5 s!

4.2. Die Kraft – Das Trägheitsgesetz

Erhöhung der Geschwindigkeit – Richtungsänderung. Erhöht ein Körper seine Geschwindigkeit, so sprechen wir von *beschleunigter Bewegung*

Warum fällt ein losgelassener Gegenstand beschleunigt zu Boden? Wir führen dies auf die Anziehung der Erde zurück. Die Erdanziehung als Ursache dieser beschleunigten Bewegung bezeichnet man auch als *Schwerkraft* oder *Gewichtskraft*

V Auf dem Overheadprojektor liegt ein Metallstück. Bringt man eine Eisenkugel in die Nähe und läßt sie los, so setzt sie sich in Bewegung und läuft mit wachsender Geschwindigkeit auf das Metallstück zu. Versucht man, die Eisenkugel an einem Ende des Metallstücks vorbeizurollen, so wird sie aus ihrer ursprünglichen Bewegungsrichtung abgelenkt (Abb. 41.1).

Das Metallstück ist ein Magnet. Wir sagen: Es zieht die Eisenkugel an. Oder: Es übt eine *Magnetkraft* auf die Eisenkugel aus.

Kein Körper setzt sich von selbst in Bewegung. Von selbst erhöht er seine Geschwindigkeit nicht, von selbst ändert er auch seine Bewegungsrichtung nicht. Stets schreiben wir diesen Änderungen des Bewegungszustandes als Ursache eine Kraft zu. Wenn wir z. B. einen Wagen anschieben oder einen Ball aus seiner Flugrichtung ablenken, wenden wir spürbar *Muskelkraft* auf.

Verminderung der Geschwindigkeit. Von selbst aber scheint ein Körper seine Geschwindigkeit zu verringern. Ein Auto auf ebener Straße, bei dem der Motor abgeschaltet ist und das nicht gebremst wird, bleibt nach einiger Zeit stehen. Wann ein anfangs bewegter Körper zur Ruhe kommt, hängt sehr wesentlich von der Unterlage ab. Bildet sich z. B. zwischen Reifen und Straße eine Wasserschicht, so „schießt" das Auto mit nahezu unverminderter Geschwindigkeit geradeaus: Es kommt zum *Aquaplaning* (Abb. 41.2). Versuchst du auf einer Unterlage zu gleiten, so geht das um so besser, je glatter diese ist: Auf einer glatten Eisfläche vermindert sich die Geschwindigkeit nur sehr langsam.

Abb. 41.3 zeigt eine spiegelglatte Metalloberfläche unter dem Mikroskop. Wir erkennen, daß diese scheinbar „glatte" Fläche in Wirklichkeit doch „rauh" ist. Die Rauhigkeiten von Unterlage und darüber gleitendem Körper verhaken sich (Abb. 41.4). Deshalb kommt es beim Gleiten zu einer Kraft, die die Bewegung des Körpers verlangsamt. Diese Kraft heißt *Reibungskraft*

Wir erkennen: Wenn ein Körper seine Geschwindigkeit verringert, ist stets eine Ursache vorhanden, nämlich eine bremsende Kraft.

Die Kraft – Das Trägheitsgesetz. Wir fassen unsere Erkenntnisse zusammen:

> Der Änderung der Geschwindigkeit oder der Bewegungsrichtung eines Körpers schreibt man eine Ursache zu. Diese Ursache heißt Kraft.

Gäbe es einen Körper, auf den keine Kraft einwirkt, so würde dieser also weder seine Bewegungsrichtung noch seine Geschwindigkeit ändern. Man sagt dazu: Er verhält sich *träge*

> *Trägheitsgesetz*
> Wirkt auf einen Körper keine Kraft ein, so bleibt er entweder in Ruhe oder er bewegt sich geradlinig mit gleichbleibender Geschwindigkeit.

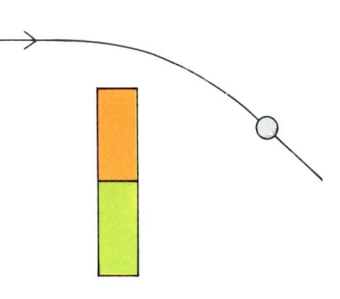

41.1 Ablenkung einer Eisenkugel durch einen Magneten

41.2 Aquaplaning

41.3 Spiegeloberfläche unterm Mikroskop

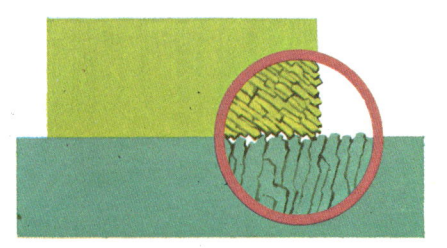

41.4 Die Rauhigkeiten von Unterlage und Körper verhaken sich

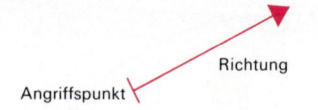

42.1 Der Kraftpfeil

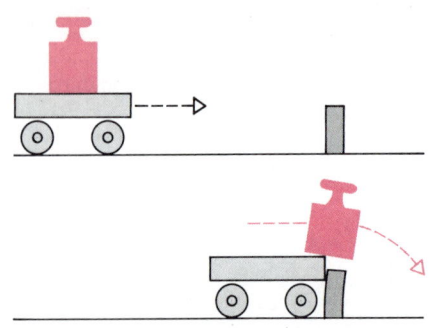

42.2 Beim Aufprall rutscht der Körper vom Wagen herunter

42.3 Test von Sicherheitsgurten auf einem Raketenwagen

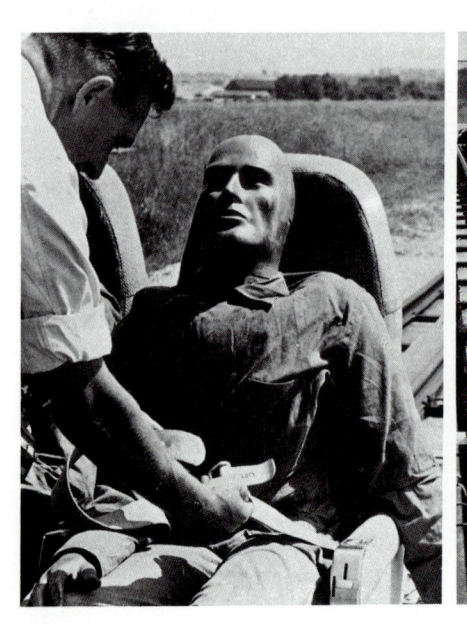

Angriffspunkt – Richtung – Kraftpfeil

V Wir befestigen in der Mitte eines Wagens eine Schnur und schieben ihn an. Ziehen wir in Bewegungsrichtung, wird der Wagen schneller. Ziehen wir entgegengesetzt, wird er langsamer. Ziehen wir quer zur Bewegungsrichtung, wird er aus seiner geradlinigen Bahn abgelenkt.

Zur Beschreibung einer Kraft ist also die Angabe einer *Richtung* erforderlich.

V Auf dem Tisch liegt ein Holzklotz. Wir befestigen mit einem Reißnagel eine Schnur an ihm und ziehen in eine bestimmte Richtung. Der Holzklotz verhält sich unterschiedlich, je nachdem, wo der Reißnagel eingedrückt worden ist.

Es kommt also auch auf den Punkt an, in dem die Kraft angreift, auf den *Angriffspunkt*.

Um in einer Zeichnung Richtung und Angriffspunkt einer Kraft zu kennzeichnen, stellt man sie durch einen *Pfeil* dar. Dort, wo der *Kraftpfeil* beginnt, ist der Angriffspunkt; die Pfeilrichtung gibt die Kraftrichtung an (Abb. 42.1).

Aufgaben

1. **a** Wir legen auf einen kleinen Wagen einen Körper und lassen den Wagen auf einen Prellbock auflaufen (Abb. 42.2). Warum rutscht der Körper vom Wagen herunter?
   b Die Fotoserie (Abb. 42.3) zeigt zwei Puppen, die mit Hüftgurten auf ihren Sitzen angeschnallt sind. Die Sitze sind fest auf einem „Raketenwagen" montiert. Dieser prallt mit der Geschwindigkeit 50 km/h auf ein Hindernis. Erkläre das Verhalten der Puppen! Wo befänden sie sich ohne Hüftgurt?
   c Erkläre die Wirkungsweise des Sicherheitsgurtes!

2. Hat sich der Kopf eines Hammers gelockert, dann faßt man den Hammer am Stiel und stößt ihn mit dem unteren Stielende kräftig auf den Boden. Der Kopf sitzt danach wieder fest. Begründe dieses Verfahren!

4.3. Das Kräftegleichgewicht

Gleichgewicht zweier Kräfte. Wirkt auf einen Körper *keine* Kraft, so bleibt er entweder in Ruhe oder bewegt sich geradlinig mit gleichbleibender Geschwindigkeit. Wirkt auf einen Körper *eine* einzige Kraft, so ändert er seine Geschwindigkeit oder (und) seine Bewegungsrichtung. Wie verhält sich ein Körper, auf den *zwei* Kräfte einwirken? Beim „Fingerhakeln" kommt es vor, daß die Lederschlaufe, an der die Gegner kräftig ziehen, sich nicht bewegt (Abb. 43.1).

[V] Zwei Schüler ziehen an einem Expander in entgegengesetzte Richtung: Der Expander dehnt sich zunächst. Dann ist es möglich, obwohl beide Schüler kräftig ziehen, daß der Expander in Ruhe bleibt.

Jede einzelne Kraft versucht, den Körper in Bewegung zu setzen. Entgegengesetzt gerichtete Kräfte können sich in dieser Wirkung auf den Körper gerade aufheben. Man spricht dann von *Kräftegleichgewicht* (Abb. 43.2 und 43.3).

Durch das Einwirken der beiden Kräfte im Gleichgewicht wird der Expander deutlich gedehnt. Würden die Schüler an einem Seil ziehen, wäre die Verformung dagegen so gering, daß man sie nicht ohne weiteres erkennen könnte.

> Zwei entgegengesetzt gerichtete Kräfte können so auf einen Körper einwirken, daß er in Ruhe bleibt (Kräftegleichgewicht). Der Körper erleidet dabei eine mehr oder weniger deutlich erkennbare Verformung.

Kräftevergleich. Unser letzter Versuch dient wie das Fingerhakeln dem Kräftevergleich: Besteht *Kräftegleichgewicht*, bezeichnet man die beiden Schüler als gleich stark, die beiden *Kräfte als gleich groß*. Besteht kein Kräftegleichgewicht, bezeichnet man die Muskelkraft des Schülers als größer, in dessen Richtung sich die Lederschlaufe in Bewegung setzt. Bei diesem unmittelbaren Kräftevergleich müssen die beiden Kräfte gleichzeitig und in entgegengesetzte Richtungen auf einen Körper einwirken. Das ist manchmal unpraktisch.

[V] Ein Griff des Expanders wird an der Wand befestigt. Ein Schüler zieht am anderen Griff: Die Haltekraft der Wand hält der Muskelkraft des Schülers das Gleichgewicht. Ein Freund macht den gleichen Versuch (Abb. 43.4a, b).

Es ist klar, wer von den beiden der stärkere ist. Wir legen fest:

> Zwei Kräfte sind gleich groß, wenn sie eine einseitig befestigte Feder gleich weit verlängern. Eine Kraft ist größer als eine Vergleichskraft, wenn sie die Feder weiter verlängert.

Man stellt die größere Kraft durch einen längeren Pfeil dar.

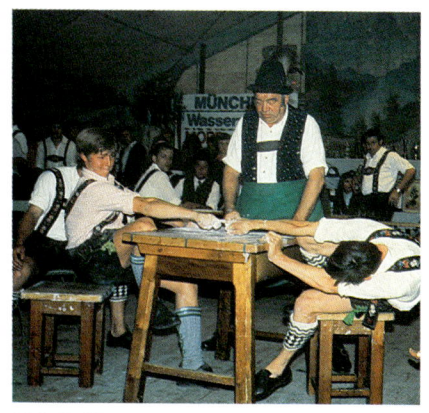

43.1 Kräftevergleich beim „Fingerhakeln"

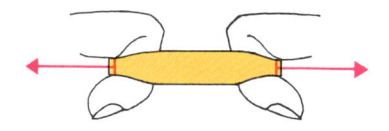

43.2 Kräftegleichgewicht an der Lederschlaufe

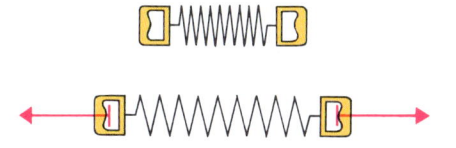

43.3 Kräftegleichgewicht am Expander

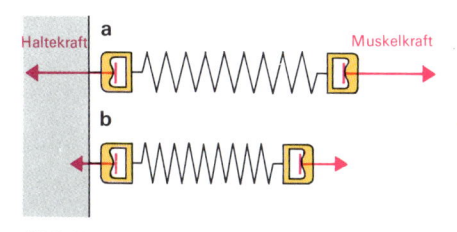

43.4 Kräftevergleich mit dem Expander

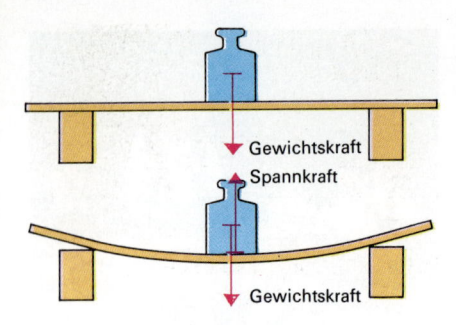

Kräftegleichgewicht am bewegten Körper. Auf der Erde wirkt auf jeden Körper die Gewichtskraft. Ruht ein Körper, muß auf ihn (mindestens) eine weitere Kraft wirken, die der Gewichtskraft das Gleichgewicht hält (Abb. 44.1).

▽ Ein Körper hängt an einer Feder: Die Federkraft hält der Gewichtskraft das Gleichgewicht (Abb. 44.2). Wie verhalten sich die Kräfte, wenn wir den Körper durch die Feder in Bewegung setzen (nach oben wegziehen, Abb. 44.2b–d)?

Die Feder dehnt sich: Die Federkraft übertrifft die Gewichtskraft; das Kräftegleichgewicht besteht nicht mehr. Der Körper setzt sich in Bewegung, seine Geschwindigkeit nimmt zu. Bewegt er sich schließlich mit gleichbleibender Geschwindigkeit, hat die Feder wieder ihre ursprüngliche Länge angenommen: Federkraft und Gewichtskraft sind gleich groß; es besteht Kräftegleichgewicht. Vermindert der Körper seine Geschwindigkeit, ist die Feder kürzer: Die Gewichtskraft übertrifft die Federkraft.

44.1 Gleichgewicht am Körper zwischen Gewichtskraft und Spannkraft

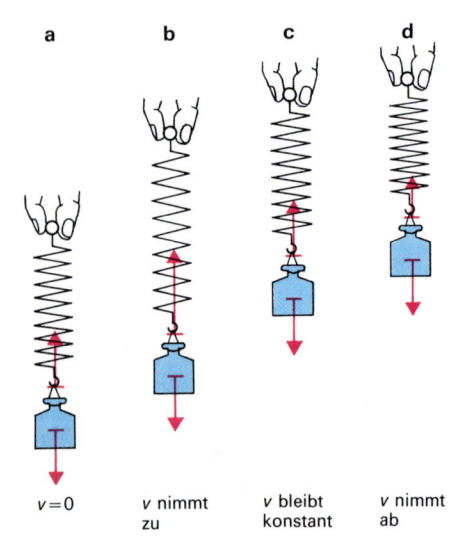

Wirken auf einen Körper zwei entgegengesetzt gerichtete, gleich große Kräfte (Kräftegleichgewicht), ruht er oder er bewegt sich geradlinig mit gleichbleibender Geschwindigkeit. Besteht am Körper kein Kräftegleichgewicht, wird er beschleunigt oder abgebremst oder (und) er ändert seine Bewegungsrichtung.

Kraft und Geschwindigkeitsänderung. Eine Kraft ist die Ursache für die Geschwindigkeitsänderung eines Körpers. Das legt die Vorstellung nahe, daß eine Kraft um so größer ist, je stärker sie die Geschwindigkeit eines Körpers ändert. Paßt das zu unserer Vereinbarung über die Größe einer Kraft?

▽ Wir ziehen einen Wagen mit Hilfe einer Feder: Die Geschwindigkeit des Wagens ändert sich um so stärker, je größer die Federdehnung ist.

Je größer die Kraft ist, die auf einen Körper wirkt, desto stärker wird er beschleunigt oder abgebremst.

a b c d

$v = 0$ v nimmt zu v bleibt konstant v nimmt ab

44.2 Kräfte am bewegten Körper

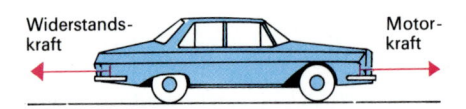

44.3 Motorkraft und bewegungshemmende Kraft

Aufgaben

1. **a** In einem zunächst ruhenden Aufzug steht eine Person. Welche beiden Kräfte greifen an der Person an? Skizze!
  b Vergleiche diese beiden Kräfte für die Fälle, daß die Person aufgrund des fahrenden Aufzuges ihre Geschwindigkeit erhöht, beibehält, vermindert!

2. Auf ein fahrendes Auto wirken die Reibungskraft und die Wiederstandskraft der Luft (der „Luftwiderstand") zusammen als bewegungshemmende Kraft (Abb. 44.3).
  a Was kann man vergleichend über die Motorkraft und diese bewegungshemmende Kraft aussagen, wenn das Auto auf horizontaler Straße seine Geschwindigkeit erhöht, beibehält, vermindert?
  b Die Widerstandskraft der Luft ist um so größer, je schneller das Auto fährt. Ein Auto fahre mit Vollgas. Warum wird es zunächst immer schneller und erreicht schließlich eine gleichbleibende Höchstgeschwindigkeit?
  c Wie läßt sich Höchstgeschwindigkeit von Autos vergrössern?

3. Ein Regentropfen fällt mit gleichbleibender Geschwindigkeit. Welche Kräfte wirken auf ihn? Skizze!

4.4. Kraftmessung

Die Krafteinheit 1 Newton. *Je* mehr sich eine einseitig befestigte Feder oder ein einseitig befestigter Expander dehnt, *desto* größer ist die einwirkende Kraft. Feder und Expander sind „Je-desto-Geräte". Man kann mit ihnen feststellen, welche von zwei Kräften die größere ist, also mit ihnen Kräfte vergleichen. Damit begnügen wir uns aber nicht: Wir wollen Kräfte messen. Wie erhalten wir aus einem „Je-desto-Gerät" ein *Meßgerät*?

Zum Messen benötigt man zuerst eine *Einheit*. Längen mißt man z. B. in Metern, Zeiten z. B. in Sekunden. Die Einheiten sind willkürlich festgesetzt. Wegen der engen internationalen Verbindung der Länder ist man aber bestrebt, überall die gleichen Einheiten zu verwenden. Sie müssen also durch Vorschriften festgelegt sein, die von allen Benützern verwirklicht werden können.

Zur Festlegung der Krafteinheit benutzt man den Geschwindigkeitszuwachs eines Körpers, der um so größer ist, je größer die Zugkraft ist. Dabei ist auch die Art des Körpers und die Dauer des Ziehens zu beachten. Man definiert (Abb. 45.1):

> 1 Newton ist die Kraft, die einem bestimmten Körper (einem „1-kg-Stück") in 1 s aus der Ruhe heraus die Momentangeschwindigkeit 1 m/s erteilt.

Man hat die Krafteinheit nach dem englischen Physiker Isaac Newton (1643 bis 1727) benannt, der die grundlegenden Gesetze der Mechanik entdeckte.

Da wir zur Kraftmessung künftig Federn benützen wollen, müßten wir zunächst nach obiger Vorschrift die zur Kraft 1 Newton gehörende Federdehnung bestimmen. Der Versuch ist jedoch sehr aufwendig. Wir benützen deshalb eine Feder mit einer Skalenmarke, die bereits die Bezeichnung 1 Newton (1 N) trägt (Abb. 45.2).

Die Vielfachen von 1 N – Der Kraftmesser. Wir können nun feststellen, ob eine Kraft (z. B. das Gewicht eines Körpers) kleiner, gleich oder größer 1 N ist.

V Mit Hilfe einer Feder, die die Meßmarke 1 N trägt, stellen wir mehrere Körper – z. B. aus Plastilin – mit dem Gewicht 1 N her.

Wie findet man die Eichmarke zu 2 N? Es liegt nahe, festzusetzen: 2 Körper mit dem Gewicht von je 1 N besitzen zusammen das Gewicht 2 N. Allgemein:

> *n* gleich schwere Körper sind zusammen *n* -mal so schwer wie ein Körper.

Hängen wir an die Feder *n* Körper von jeweils 1 N, erhalten wir die Eichmarke zu *n* N (Abb. 45.3). Mit der geeichten Feder (S. 46, Aufgabe 1) können wir nicht nur Gewichtskräfte, sondern auch andere Kräfte in N messen. Man nennt das geeichte Gerät deshalb *Kraftmesser*. Neben 1 N benutzt man häufig 1 Zentinewton (Abkürzung: 1 cN): 1 cN = $\frac{1}{100}$ N.

Technische Ausführung. Die technische Ausführung eines Kraftmessers ist handlicher: Eine Schraubenfeder ist mit einer unten offenen zylinderförmigen Hülle versehen. Die Eichmarken sind auf einer zweiten Hülle angebracht (Abb. 45.4).

Im unbelasteten Zustand verschwindet die Hülle mit den Eichmarken gerade in der anderen. Greift eine Kraft an, kann man an der Unterkante der äußeren Hülle sofort den Meßwert ablesen.

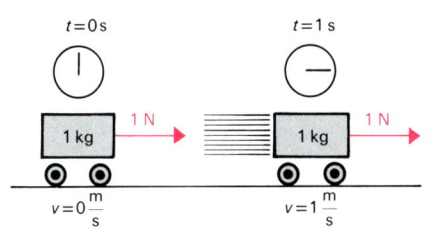

45.1 Zur Definition von 1 N

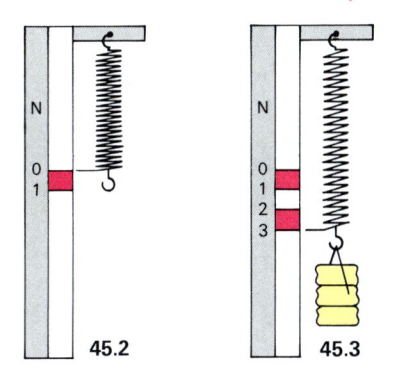

45.2 Verlängerung zur Kraft 1 N

45.3 Eichung einer Feder als Kraftmesser

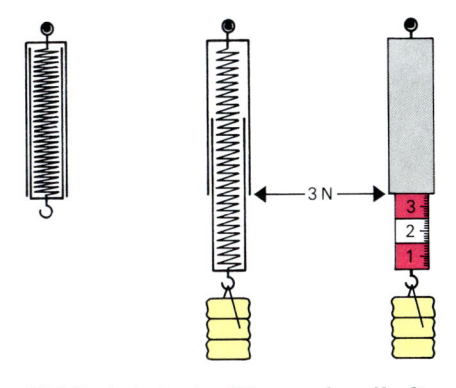

45.4 Technische Ausführung eines Kraftmessers

Bezeichnung von Kräften – Länge des Kraftpfeils. Zur Bezeichnung von Kräften verwendet man das Symbol $\vec{F}$. Der Buchstabe F erinnert an den Anfangsbuchstaben des englischen Wortes „force" (Kraft); der Pfeil weist darauf hin, daß zur Festlegung der Kraft neben dem Angriffspunkt auch die Angabe der Richtung erforderlich ist. Für den Betrag der Kraft schreibt man $|\vec{F}|$ oder einfacher F, z. B. $F = 3$ N. Die Gewichtskraft bezeichnet man häufig auch mit $\vec{G}$.

> Der Betrag der Gewichtskraft $\vec{G}$ heißt *Gewicht G.*

In einer maßstabsgetreuen Zeichnung stellt man die Kraft, die den n-fachen Betrag einer Vergleichskraft hat, durch einen n-mal so langen Pfeil dar. Häufig gibt man noch den „Kräftemaßstab" an: z. B. $\frac{1}{2}$ cm $\triangleq$ 1 N (Abb. 46.1).

Basisgröße – abgeleitete Größe. Eine Eigenschaft, die man messen kann, heißt in der Physik *Größe*. Im Unterricht sind uns bisher die Größen *Länge s, Zeit t, Frequenz f, Geschwindigkeit v* und *Kraft $\vec{F}$* begegnet.

Die Kraft wurde zur *physikalischen Größe*, indem wir festsetzten, wie man ihre Werte mißt. Dabei gingen wir schrittweise vor: Wir überlegten uns, wie man sinnvollerweise festlegt, wann zwei Kräfte gleich groß sind. Dann war zu vereinbaren, wann eine Kraft doppelt, dreimal, ... so groß wie eine Vergleichskraft ist. Wir einigten uns darüber, daß n gleich schwere Körper zusammen n-mal so schwer wie ein Körper sein sollen. Außerdem mußte noch eine Einheit, das Newton, festgelegt werden. Aufgrund dieser Festsetzungen war es uns möglich, aus dem „Je-desto-Gerät" Feder einen Kraftmesser herzustellen.

Im Unterschied dazu wurde die Messung der Geschwindigkeit einfach auf eine Weg- und Zeitmessung zurückgeführt. Als Einheit von v ergab sich eine Längeneinheit dividiert durch eine Zeiteinheit. Größen, bei denen man das Meßverfahren durch Definition von *Gleichheit, Vielfachheit* und *Einheit* erst festsetzen muß, heißen *Basisgrößen*. Größen, die sich mit Hilfe einer Definitionsgleichung durch Basisgrößen ausdrücken lassen, heißen *abgeleitete Größen* (Abb. 46.2).

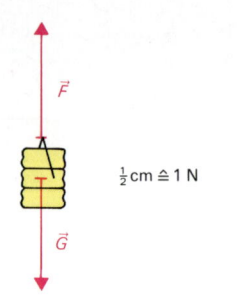

46.1 Kräftegleichgewicht am Körper

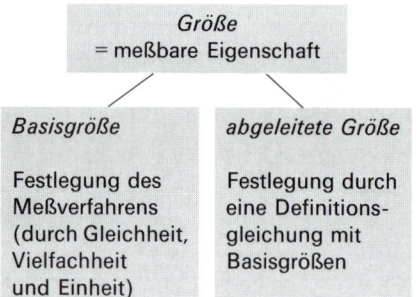

46.2 Einteilung der Größen

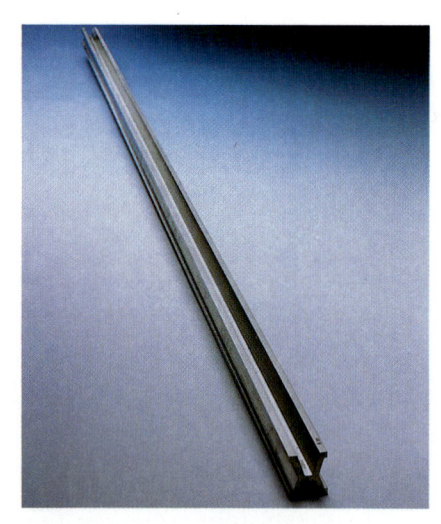

46.3 Das Urmeter (bei Paris aufbewahrt)

Aufgaben

1. Wie findet man bei der Eichung eines Kraftmessers die Marken zu 0,5 N, $\frac{1}{3}$ N, 1,5 N?

2. Welche der folgenden Größen sind Basisgrößen, welche abgeleitete Größen? Gib jeweils eine Einheit dazu an!
   a die Länge **b** die Fläche **c** das Volumen **d** die Zeit **e** die Frequenz **f** die Geschwindigkeit **g** die Kraft

3. **a** Die Längeneinheit „1 Meter" wurde im Jahre 1889 durch den Abstand zweier Strichmarken auf einem Stab aus Platin-Iridium festgelegt (Abb. 46.3). Welche Ungenauigkeiten waren mit dieser Definition verbunden, so daß sie 1910 erstmals durch eine neue ersetzt wurde?
   b 1983 hat man die Längeneinheit wieder neu definiert: „Ein Meter ist die Länge der Strecke, die Licht im Vakuum während der Zeitspanne 1/299792458 Sekunde durchläuft." Wie groß ist folglich der genaue Wert des Lichtgeschwindigkeit im Vakuum?

4. Wie dick ist ein Blatt dieses Physik-Buches?

5. Stell' dir vor, du hättest 100 kleine, gleich große Schrotkugeln. Du sollst das Volumen einer Kugel herausfinden. Wie würdest du vorgehen?

4.5. Kraft und Verformung – Das Hookesche Gesetz

Elastische und plastische Verformung. Bei der Eichung einer einseitig befestigten Feder zum Kraftmesser ist aufgefallen, daß die Eichmarken in gleichen Abständen anzubringen sind: Die n-fache Zugkraft ruft die n-fache Verlängerung hervor. Die Verlängerung ist der Zugkraft direkt proportional. Sind Kraftmesserfedern besondere Federn?

Man verwendet Federn zur Kraftmessung, da die Verformung 1. leicht meßbar ist und 2. wieder vollständig verschwindet, wenn die Kraft nicht mehr wirkt. Verformungen, die wieder verschwinden, wenn die Kraft nicht mehr wirkt, heißen *elastische Verformungen*; solche, die nach der Krafteinwirkung bestehen bleiben, heißen *plastische Verformungen*.

V Auf einen Klumpen aus Plastilin wirken Kräfte. Es tritt eine Verformung auf, die nicht mehr verschwindet. Der Plastilinklumpen wird also plastisch verformt.

Die Elastizitätsgrenze. Körper, die wir im gewöhnlichen Sprachgebrauch als „elastisch" bezeichnen, können ebenfalls plastisch verformt werden:

V Ein Gummiband hängt vor einem Maßstab. Ein Schüler zieht kräftig daran. Das Gummiband ist nach der Wegnahme der Kraft länger als ursprünglich. Es bleibt eine plastische Verformung zurück.

Auch Schraubenfedern lassen sich plastisch verformen:

V Ein Schüler zieht kräftig an einer Schraubenfeder. Wenn die Kraftanwendung aufhört, ist die Feder länger als ursprünglich.

Ob ein einseitig befestigter Körper durch eine Kraft nur elastisch verformt wird, hängt vom Betrag der Kraft ab. Nur wenn die Zug- oder Druckkräfte eine gewisse – von Körper zu Körper verschiedene – Grenze nicht überschreiten, verschwindet die Verformung wieder. Diese Grenze heißt *Elastizitätsgrenze*.

Plastische Verformungen eines Gummibandes. Wir untersuchen den Zusammenhang zwischen Verlängerung und Zugkraft.

V Wir belasten ein Gummiband schrittweise mit Körpern bekannten Gewichts und messen jeweils die Verlängerung gegenüber dem unbelasteten Zustand (Abb. 47.1). Da sich Gummi auch plastisch verformen kann, halten wir das Band während des Wechselns der Belastung in der jeweiligen Lage fest. Dann entlasten wir es wieder schrittweise. Ein Meßbeispiel ist in Tab. 47.2 angegeben.

Es fällt auf: Nimmt die Zugkraft gleichmäßig zu, so nimmt die Verlängerung keineswegs gleichmäßig zu. Das F-s-Diagramm (Abb. 47.3) zeigt keine Gerade. Die Verlängerung wächst zunächst immer stärker. Schließlich zeigt das Gummiband ein besonderes Verhalten: Es dehnt sich einige Zeit nach der Belastung plötzlich noch ein Stück. Man sagt: Gummi „fließt". Bei weiterer Vergrößerung der Last verlängert sich das Gummiband von nun an immer weniger stark.
Beim Entlasten ist die Verlängerung bei einer bestimmten Zugkraft größer, als sie beim Belasten bei der gleichen Zugkraft war. Ein Teil der Verlängerung bleibt nach dem Entlasten als Verformung erhalten.

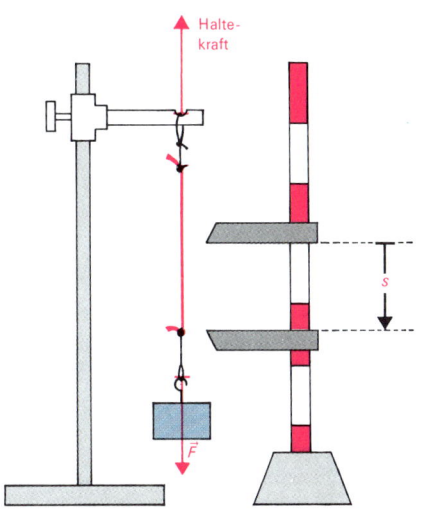

47.1 Messung der Verlängerung in Abhängigkeit von der Zugkraft bei einer Gummischnur

F in N	Belastung s in cm	Entlastung s in cm
0	0	1,9
0,5	4,4	8,8
1,0	14,2	26,6
1,5	26,5	38,5
2,0	35,4	43,5
2,5	41,9	45,4
3,0	46,2	46,2

47.2 Belastung und Entlastung einer Gummischnur

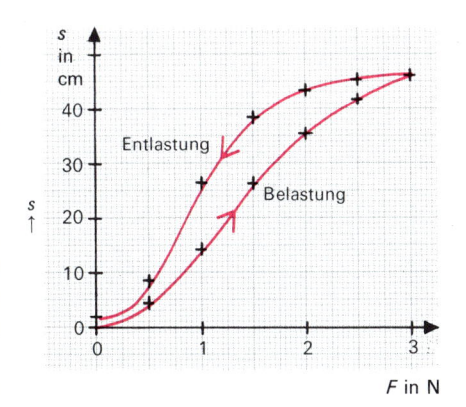

47.3 F–s-Diagramm für die Gummischnur

F	Feder weich		hart	
	s	$\frac{F}{s}$	s	$\frac{F}{s}$
in N	in cm	in $\frac{N}{cm}$	in cm	in $\frac{N}{cm}$
0	0	–	0	–
0,5	4,8	0,104	1,3	0,38
1,0	9,8	0,102	2,7	0,37
1,5	14,7	0,102	4,1	0,37
2,0	19,8	0,101	5,4	0,37
2,5	24,7	0,101	6,8	0,37
3,0	29,5	0,102	8,2	0,37

48.1 Zugkraft und Verlängerung von zwei Schraubenfedern

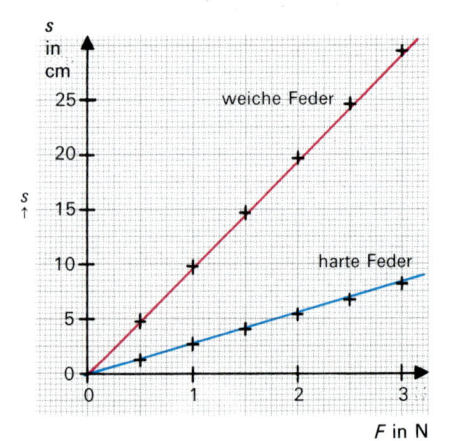

48.2 F–s-Diagramm für die Schraubenfedern von Tab. 48.1

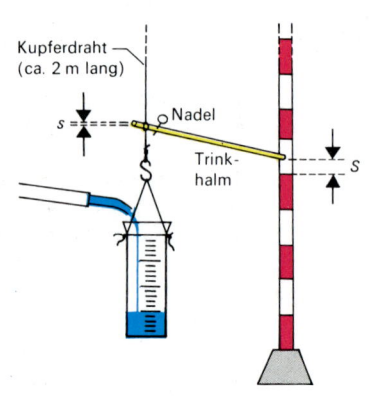

48.3 Verlängerung in Abhängigkeit von der Zugkraft bei einem Kupferdraht

Elastische Verformung einer Schraubenfeder

V   Wir belasten eine weiche Schraubenfeder schrittweise mit Körpern bekannten Gewichts. Zu jeder Zugkraft F messen wir die Verlängerung s gegenüber dem unbelasteten Zustand. Am Ende der Meßreihe vergewissern wir uns, daß die Feder wieder in die Ausgangslage zurückgeht, ihre Elastizitätsgrenze also nicht überschritten wurde. Dann wiederholen wir die Messungen mit einer härteren Feder.

Aus Tab. 48.1 entnehmen wir: Die n-fache Zugkraft ruft (im Rahmen der Meßungenauigkeit) die n-fache Verlängerung hervor. Oder: Zusammengehörige (F; s)-Wertepaare ergeben gleiche Werte für den Quotienten F/s; sie sind also quotientengleich.

> Die Verlängerung s einer Schraubenfeder ist zum Betrag F der Zugkraft direkt proportional.

Also ist das F-s-Diagramm eine Ursprungsgerade (Abb. 48.2). Den konstanten Quotienten bezeichnet man mit D.

$\frac{F}{s} = D$ = konstant; für die Einheit von D ergibt sich z. B. $[D] = \frac{[F]}{[s]} = 1\,\frac{N}{cm}$.

Wir erhalten für die weiche Feder $D_w = 0{,}10$ N/cm; d.h. die Zugkraft 0,10 N ruft die Verlängerung 1 cm hervor, die Zugkraft 0,20 N ruft die Verlängerung 2 cm hervor, usw. Für die harte Feder erhalten wir $D_h = 0{,}37$ N/cm.
Je größer D ist, desto größer muß die Zugkraft sein, um z. B. eine Verlängerung von 1 cm hervorzurufen. Die Größe D gibt an, wie sehr sich eine Feder einer Verlängerung widersetzt. Man nennt deshalb D *Federhärte* oder *Federkonstante*.

Musteraufgabe

Welche Kraft ruft an der harten Feder unseres Meßbeispiels die Verlängerung s = 5,0 cm hervor?

Geg.: $D = 0{,}37\,\frac{N}{cm}$, s = 5,0 cm;   Ges.: F

Grafische Lösung: Aus Abb. 48.2 entnehmen wir sofort: $F \approx 1{,}9$ N

Rechnerische Lösung: $\frac{F}{s} = D \Rightarrow F = D \cdot s = 0{,}37\,\frac{N}{cm} \cdot 5\,cm = 1{,}9\,N$

Das Hookesche Gesetz. Ist „$s \sim F$" eine besondere Eigenschaft elastischer Federn? Um das zu entscheiden, untersuchen wir den Zusammenhang zwischen Verlängerung und Zugkraft an einem anders geformten Körper.

V   Ein 0,3 mm dicker, etwa 2 m langer Kupferdraht wird an einem Haken an der Decke des Physiksaales befestigt. Um die kleinen Verlängerungen s messen zu können, bauen wir eine Zeigervorrichtung: Wir schieben durch eine kleine Drahtschlinge das Ende eines langen Trinkhalms. Der Trinkhalm wird nun mit einer Nadel leicht drehbar befestigt, und zwar so, daß der vom Draht abgewandte Teil 20mal so lang ist wie der dem Draht zugewandte (Abb. 48.3). Verlängert sich der Draht z. B. um s = 1 mm, so hebt sich das abgewandte Ende um S = 20 mm. Die Zeigervorrichtung vergrößert also 20-fach. Um eine ununterbrochene Belastung des Drahtes zu erreichen, befestigen wir am Drahtende einen Meßbecher. Mit einem Kraftmesser bestimmen wir zuvor die Wassermenge, die 1 N wiegt: Es sind 100 cm³. Bei diesem Wasserstand bringen wir am Meßbecher die Eichmarke 1 N an, beim doppelten Wasservolumen die Eichmarke 2 N, usw. Nun füllen wir langsam Wasser in den am Draht hängenden Meßbecher ein. Beim Erreichen einer Eichmarke lesen wir jeweils die vergrößerte Verlängerung S ab, ermitteln daraus die tatsächliche Verlängerung $s = S : 20$ und zeichnen ein F-s-Diagramm. Bei gleichmäßig zunehmender Belastung wächst die Verlängerung s zunächst gleichmäßig (Abb. 49.1): $F \sim s$. Dann beginnt s stärker und schließlich so stark anzuwachsen, daß es kaum möglich ist, sorgfältig abzulesen: Der Draht „fließt". Kurz darauf reißt er.

Auch der Anfang der gekrümmten Kurve des F-s-Diagramms des Gummibandes (Abb. 47.3) läßt sich in einem sehr kleinen Bereich durch eine Gerade annähern: Wenn wir das Gummiband sehr wenig beanspruchen, ist also $F \sim s$.

Diese Ergebnisse leiten uns zu einem Gesetz, das der Engländer Hooke (1635 bis 1703) fand:

49.1 Zerreißdiagramm eines Kupferdrahtes

> *Hookesches Gesetz*
> Bei geringer Beanspruchung ist die Verlängerung s eines Körpers zum Betrag F der Zugkraft direkt proportional:
> $$\frac{F}{s} = D = \text{konstant}$$

Was man bei einem Körper unter geringer Beanspruchung zu verstehen hat, ist von Fall zu Fall verschieden: Sie hört bei manchen Federn erst bei einem Mehrfachen der ursprünglichen Länge auf, bei einem Draht bereits bei einem $\frac{1}{1000}$. Die Verlängerung ist der Zugkraft in dem Bereich proportional, in dem sich der Körper elastisch verformt. Die *Grenze der direkten Proportionalität* fällt mit der *Elastizitätsgrenze* zusammen.

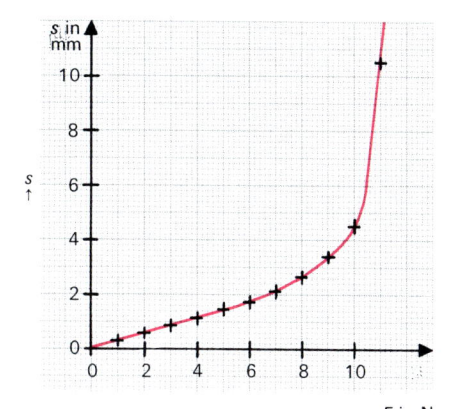

Aufgaben

1. Zieht man an einer Schraubenfeder mit 1,00 N, so verlängert sie sich um 3,3 cm.
   a Berechne die Federhärte D!
   b Zeichne ein F-s-Diagramm!
   c Welche Verlängerung ruft eine Kraft von 3,3 N hervor? (Grafische und rechnerische Lösung!)
   d Welche Zugkraft ist für eine Verlängerung um 5,0 cm nötig?
   e Läßt sich die Verlängerung der Feder auch für eine Zugkraft von 240 N voraussagen? Begründe!

2. Zur Bestimmung der Federhärte einer Schraubenfeder wurde folgende Meßreihe durchgeführt:

F in N	10	20	30
s in cm	3,0	4,0	6,0

   a Entscheide mit Hilfe eines F-s-Diagramms, ob ein falscher Meßwert enthalten ist!
   b Berechne die Federhärte D!
   c Welche Verlängerung ruft eine Kraft von 15 N hervor?
   d Welche Zugkraft ist für eine Verlängerung um 1,5 cm nötig?

3. Eine Schraubenfeder ist im unbelasteten Zustand 80 cm lang. Zieht man mit 2,00 N an ihr, ist sie 88 cm lang. Mit welcher Kraft muß man an der Feder ziehen, damit sie 1,00 m lang wird?

4. Zeichne ein F-s-Diagramm zu einer Feder mit der Härte $D = 0,40$ N/cm! Trage in das Diagramm den Graphen für eine a weichere, b härtere Feder ein!

5. Ein Abschleppseil enthält zur Ruckdämpfung eine Feder.
   a Wie würdest du durch einen Versuch ihre Federhärte D bestimmen?
   b Die Feder besitzt die Federhärte 90 N/cm. Beim Abschleppen vergrößert sich während des Anfahrens die Länge der Feder von 20 cm auf 33 cm. Wie groß ist die Zugkraft, die das Seil überträgt?

6. Die Skaleneinteilung eines Kraftmessers (aus einer Schraubenfeder) ist durch darübergeschüttete schwarze Tinte teilweise unlesbar geworden: Es sind nur noch die Marken zu 15 N und 20 N sichtbar. Wie würdest du eine neue Skala herstellen?

50.1 Nach Wilhelm Busch (1832–1908)

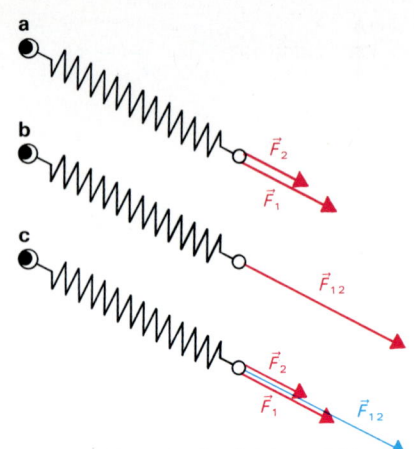

Die Ente und der Enterich,
Die ziehn den Frosch ganz fürchterlich.

50.2 Die Ersatzkraft gleich gerichteter Kräfte

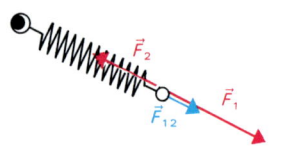

50.3 Die Ersatzkraft entgegengesetzt gerichteter Kräfte

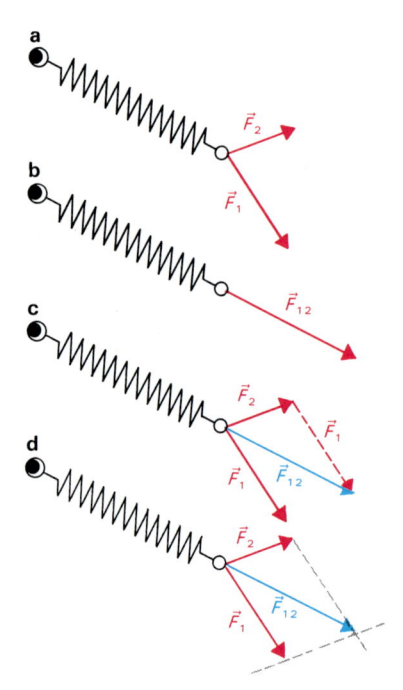

50.4 Die Ersatzkraft nicht paralleler Kräfte

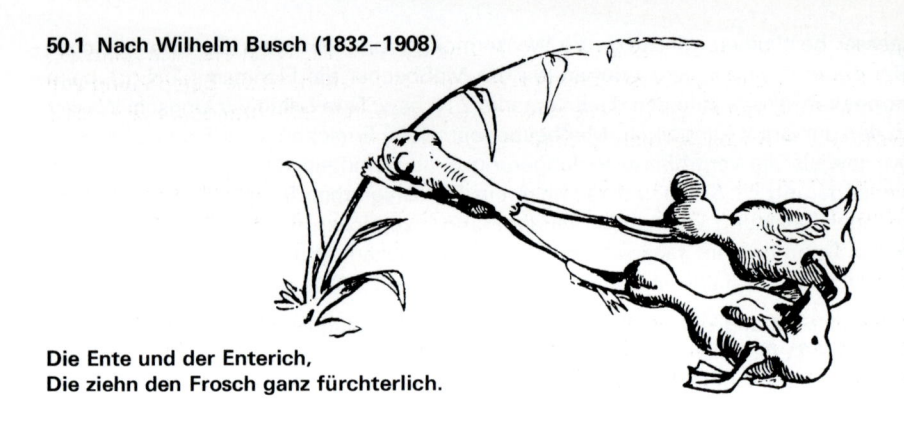

4.6. Zusammensetzung und Zerlegung von Kräften

Zusammensetzung von Kräften mit gleichem Angriffspunkt. Häufig greifen in einem Punkt eines Körpers zwei Kräfte an, wie es Wilhelm Busch in der Zeichnung 50.1 lustig darstellt. Wir befassen uns mit ihrer gemeinsamen Wirkung. Einen Sonderfall kennen wir bereits: Sind die beiden Kräfte entgegengesetzt gerichtet und gleich groß, herrscht Kräftegleichgewicht. Sie heben sich in ihrer Wirkung auf.

Zunächst betrachten wir gleich gerichtete Kräfte.

▽ Eine Feder ist am einen Ende befestigt. Am anderen Ende ziehen wir mit einer Kraft des Betrags $F_1 = 3$ N und einer gleichgerichteten des Betrags $F_2 = 2$ N (Abb. 50.2a). Ziehen wir mit einer einzigen Kraft des Betrags 5 N in die gemeinsame Richtung von $\vec{F}_1$ und $\vec{F}_2$, erhalten wir die gleiche Verformung der Feder (Abb. 50.2b).

Die Kraft $\vec{F}_{12}$ (gelesen: F eins zwei) ruft allein die gleiche Wirkung hervor wie die Kräfte $\vec{F}_1$ und $\vec{F}_2$ zusammen. Zur Vereinfachung können wir also die wirklich vorhandenen Kräfte $\vec{F}_1$ und $\vec{F}_2$ durch die eine Kraft $\vec{F}_{12}$ ersetzen. $\vec{F}_{12}$ heißt deshalb *Ersatzkraft* von $\vec{F}_1$ und $\vec{F}_2$.

Wirklich vorhandene Kräfte stellen wir künftig durch rote Pfeile dar, Ersatzkräfte durch blaue (Abb. 50.2c). Kräfte unterscheiden wir in der Bezeichnung durch Indizes: $\vec{F}_1$, $\vec{F}_2$, $\vec{F}_3$, ... An den Buchstaben, der eine Ersatzkraft bezeichnet, reihen wir als Index die Indizes der Kräfte, die sie ersetzt.

Sind $\vec{F}_1$ und $\vec{F}_2$ gleich gerichtet, ist der Betrag der Ersatzkraft $F_{12} = F_1 + F_2$. Welches Ergebnis erhalten wir für entgegengesetzt gerichtete Kräfte?

▽ Wir ziehen am Ende der Feder mit einer Kraft des Betrags $F_1 = 3$ N und in entgegengesetzte Richtung mit einer des Betrags $F_2 = 2$ N: Eine Kraft des Betrags $F_1 - F_2$ in Richtung von $\vec{F}_1$ ruft die gleiche Wirkung hervor (Abb. 50.3).

Nun zum allgemeinen Fall!

▽ Wir ziehen am Ende der Feder wieder mit zwei Kräften der Beträge $F_1 = 3$ N und $F_2 = 2$ N; diesmal aber nicht mit parallelen Kraftrichtungen (Abb. 50.4a). Auch hier gelingt es uns, durch eine einzige Kraft $\vec{F}_{12}$ die gleiche Verformung zu bewirken (Abb. 50.4b). Der Betrag F_{12} liegt zwischen $F_1 - F_2$ und $F_1 + F_2$.

Wie können wir die Ersatzkraft $\vec{F}_{12}$ von $\vec{F}_1$ und $\vec{F}_2$ finden? Da sich – je nach Richtung der Kräfte $\vec{F}_1$ und $\vec{F}_2$ – verschiedene Werte für F_{12} ergeben, ist die Berechnung von F_{12} mit Hilfe von F_1 und F_2 allein nicht möglich. Die Kraftrichtungen spielen eine wesentliche Rolle. Vielleicht gelingt es zeichnerisch.

Zeichnen wir jeweils durch die Spitze eines Kraftpfeils die Parallele zum anderen Kraftpfeil, so schneiden sich die beiden Geraden in der Spitze des Pfeils der Ersatzkraft (Abb. 50.4c). Da hier ein Parallelogramm entsteht, heißt es *Kräfteparallelogramm*.

Eine gerichtete Größe nennt man auch *Vektor**. Diese Zusammensetzung von Vektoren bezeichnet man als *Vektoraddition* und schreibt: $\vec{F}_1 + \vec{F}_2 = \vec{F}_{12}$. Die Pfeile bedeuten, daß die Kräfte vektoriell addiert werden und nicht etwa ihre Beträge. Die *Kräftezusammensetzung* zur Bestimmung der Ersatzkraft ist eine Vektoraddition.

> *Gesetz vom Kräfteparallelogramm*
> Zwei in einem Punkt angreifende Kräfte $\vec{F}_1$ und $\vec{F}_2$ lassen sich durch eine einzige Kraft $\vec{F}_{12}$ ersetzen. Der Kraftpfeil der Ersatzkraft $\vec{F}_{12}$ ist die vom Angriffspunkt ausgehende Diagonale des von $\vec{F}_1$ und $\vec{F}_2$ aufgespannten Parallelogramms (*Kräfteparallelogramm*).

Abb. 51.1 zeigt: Je größer der Winkel zwischen zwei Kräften $\vec{F}_1$ und $\vec{F}_2$ ist, desto kleiner ist die Ersatzkraft $\vec{F}_{12}$.

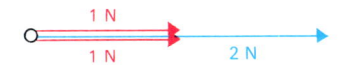

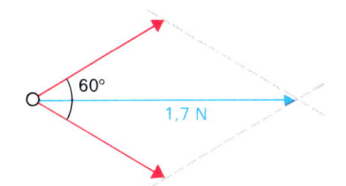

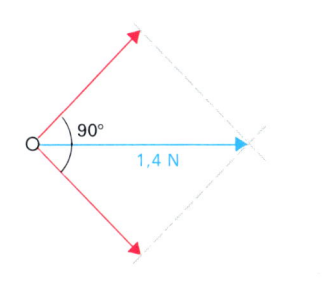

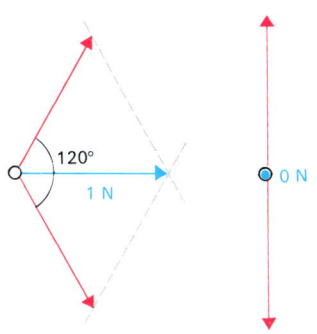

51.1 Abhängigkeit der Ersatzkraft vom Winkel zwischen $\vec{F}_1$ und $\vec{F}_2$

Aufgaben

1. *Tauziehen*
   An einem Tau ziehen Alexander mit F_1 = 420 N und Anna mit F_2 = 280 N in die eine Richtung, Beate mit F_3 = 350 N und Bruno mit F_4 = 350 N in die entgegengesetzte Richtung.
   a Welches Team gewinnt?
   b Welche Kraft muß das Seil dabei aushalten?
   c Nun wird das Seil an einem Haken befestigt. Nur noch Alexander und Anna ziehen mit den gleichen Kräften wie vorher. Welche Kraft muß jetzt das Seil aushalten? (Überprüfung der Überlegungen zu **b** und **c** im Schulversuch mit Kraftmessern!)

2. **a** Es sei F_1 = 3,0 N und F_2 = 4,0 N. Bestimme zu folgenden Winkeln $\sphericalangle(\vec{F}_1, \vec{F}_2)$ jeweils die Ersatzkraft $\vec{F}_{12}$: 0°, 60°, 90°, 120°, 180°.
   b Zwischen welchen Werten liegen im speziellen Fall **a** bzw. allgemein – je nach eingeschlossenem Winkel – die Beträge F_{12} der Ersatzkraft? Bei welchem Winkel erhält man den kleinsten, bei welchem Winkel den größten Betrag?

3. Welchen Winkel müssen zwei Kräfte von je 10 N einschließen, damit ihre Ersatzkraft
   a 20 N,   **b** 0 N,   **c** 10 N,   **d** 14 N,   **e** 5 N beträgt?

Zerlegung einer Kraft in Komponenten. Für die Planung von Tragekonstruktionen, an denen ein Körper bekannten Gewichts hängt, ist die Vorhersage der auftretenden Kräfte notwendig: Seile und Stäbe müssen so bemessen werden, daß sie die Belastung aushalten.

Ein Seil kann nur auf Zug beansprucht werden.

V Es überträgt die Zugkraft unter Beibehaltung des Betrags ans andere Ende (Abb. 51.2).

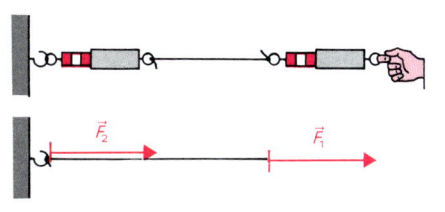

51.2 Kraftübertragung durch ein Seil

52.1 Bestimmung der Seilkräfte

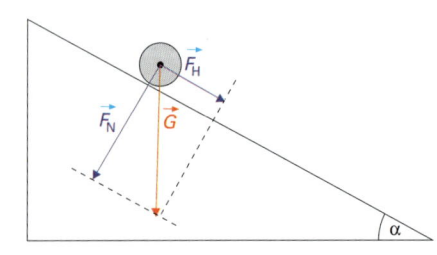

a 1 N ≙ 0,5 cm

1 N ≙ 1,0 cm

52.2 Kraftzerlegung an der schiefen Ebene

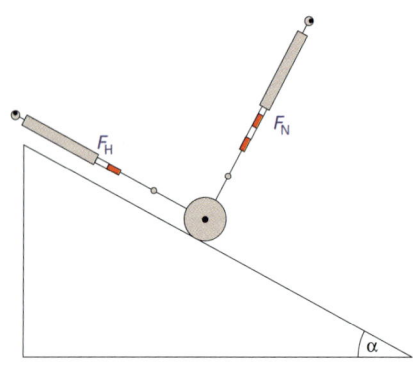

52.3 Messung von F_H und F_N

Ein Stab kann auf Zug, Schub oder durch eine Querkraft auch auf Verbiegung beansprucht werden. Wir beschränken uns zunächst auf Kräfte in Stabrichtung, also auf *Zug-* und *Schubkräfte*.

Das Verfahren zur Bestimmung der auftretenden Kräfte entwickeln wir mit einem einfachen Beispiel: An zwei Schnüren, die unter bekannten Richtungen verlaufen, hängt im gemeinsamen Punkt A ein Körper des Gewichts $G = 4{,}0$ N (Abb. 52.1a). Welche Zugkraft tritt in jeder Schnur auf?

Wir ersetzen die Gewichtskraft $\vec{G}$ im Punkt A durch zwei Teilkräfte $\vec{G}_1$ und $\vec{G}_2$ so, daß diese in Richtung der Seile wirken. Das bedeutet: Wir kehren das Verfahren zur Bestimmung der Ersatzkraft um. Aus der bekannten Diagonalen $\vec{G}$ und den Seilrichtungen als Seitenrichtungen zeichnen wir ein Kräfteparallelogramm (Abb. 52.1b). Die so erhaltenen Kräfte $\vec{G}_1$ und $\vec{G}_2$ rufen an der Tragekonstruktion die gleiche Wirkung wie $\vec{G}$ hervor: Am 1. Seil wird also mit $G_1 = 2{,}0$ N, am 2. Seil mit $G_2 = 3{,}0$ N gezogen.

V Eine Messung bestätigt diese Ergebnisse.

Die Teilkräfte einer Kraft, die die gleiche Wirkung wie die Kraft hervorrufen, nennt man auch *Komponenten**. Das Ersetzen einer Kraft durch Komponenten heißt *Kraftzerlegung*

> Die durch eine Kraft $\vec{F}$ in einem Punkt einer Tragekonstruktion hervorgerufenen Zug- oder Schubkräfte $\vec{F}_1$ und $\vec{F}_2$ findet man durch eine Kraftzerlegung:
> Mit $\vec{F}$ als Diagonale und den Seil- bzw. Stabrichtungen als Seitenrichtungen wird ein Kräfteparallelogramm gezeichnet.

Kräfte an der schiefen Ebene. Warum treibt es einen Skifahrer den verschneiten Hang hinunter? Warum treibt es einen Wagen die geneigte Straße abwärts? Zur Klärung dieser Erscheinung vereinfachen wir den Hang oder die Straße zu einer einheitlich geneigten Ebene, die man *schiefe Ebene* nennt.

Da die Gewichtskraft $\vec{G}$ eines Körpers nicht auf der schiefen Ebene senkrecht steht, hat $\vec{G}$ offensichtlich zwei Wirkungen: Einerseits treibt sie den Körper die schiefe Ebene hinunter und andererseits preßt sie ihn auf die schiefe Ebene. Wir zerlegen die Gewichtskraft $\vec{G}$ also in zwei Komponenten:

– In eine Komponente, die in Richtung des Gefälles wirkt. Diese Kraft heißt *Hangabtriebskraft* $\vec{F}_H$. Sie trägt nichts zur Belastung der schiefen Ebene bei.
– In eine Komponente, die den Körper senkrecht auf die schiefe Ebene drückt. Da man in der Mathematik und Physik für senkrecht auch „normal" sagt, heißt diese Kraft *Normalkraft* $\vec{F}_N$. Sie trägt nichts zur Bewegung bei.

Wir führen die Kräftezerlegung bei einem Neigungswinkel der schiefen Ebene von $\alpha = 30°$ und einem Gewicht des Körpers von $G = 2{,}0$ N aus. Die grafische Lösung zeigt Abb. 52.2. Aus den Pfeillängen folgern wir $F_H = 1{,}0$ N und $F_N = 1{,}7$ N.

V Wir messen F_H und F_N (Abb. 52.3). Unsere Ergebnisse werden bestätigt.

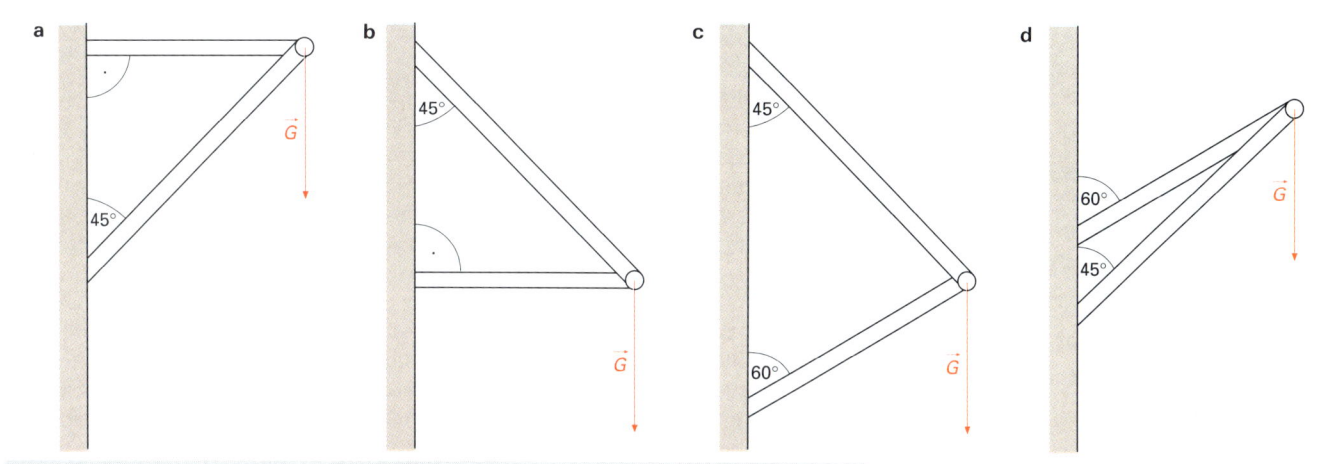

53.1 Tragekonstruktionen

Aufgaben

1. Abb. 53.1a bis d zeigen Tragekonstruktionen, an denen ein Körper des Gewichts $G = 200$ N hängt. Welche Zug- und Schubkräfte treten in den Stäben auf? Welche Stäbe könnte man durch Seile ersetzen?

2. Eine Straßenlampe des Gewichts $G = 200$ N hängt an zwei Seilen, die jeweils unter 20° geneigt sind.
   a Welche Zugkraft tritt in einem Seil auf?
   b Im Winter ziehen sich die Seile etwas zusammen. Der Durchhang wird kleiner. Wird die Zugkraft dadurch kleiner oder größer?
   c Ist es möglich, die Aufhängeseile so zu spannen, daß beide genau in einer Geraden verlaufen, der Durchhang also völlig verschwindet?

3. Auf einer schiefen Ebene befindet sich eine Kugel des Gewichts $G = 10$ N.
   a Bestimme zu den Neigungswinkeln $\alpha = 0°, 30°, 45°, 60°, 90°$ jeweils F_H und F_N!
   b Wie ändern sich F_H und F_N, wenn der Neigungswinkel α mit 0° beginnend bis auf 90° erhöht wird? (Je-desto-Aussagen!) Wie groß ist jeweils der kleinste bzw. der größte Wert? Für welche Winkel werden diese angenommen?

4. *Die Wendelsteinbahn* (Abb. 53.2)
   Von der Talstation führen zwei Tragseile zur Bergstation. An jedem Tragseil hängt an Rollen jeweils eine Kabine des Gewichts 20 kN (leer; max. Nutzlast: 50 Personen). Durch ein Zugseil wird die Kabine bei der Bergfahrt gezogen bzw. bei der Talfahrt gebremst.
   a Bestimme aus Abb. 53.2 den Neigungswinkel α des Tragseils. Ermittle F_H und F_N! (Nur eine Rolle zeichnen!)
   b Was kann man über die an der Kabine wirksame Zug- bzw. Bremskraft aussagen, wenn sich die Kabine mit gleichbleibender Geschwindigkeit bewegt?
   c Wenn eine Kabine zur Bergfahrt startet, startet stets die andere zur Talfahrt. Wie verläuft das Zugseil bei einer Seilbahn mit zwei Kabinen?

5. *Kräfte am Fadenpendel*
   An einem Faden hängt ein Körper des Gewichts $G = 1{,}0$ N. Dieser wird um $\alpha = 15°$ bzw. um $\alpha = 30°$ aus seiner Ruhelage ausgelenkt (Abb. 53.3).
   a Zerlege in beiden Fällen die Gewichtskraft $\vec{G}$ in eine Komponente $\vec{F}_F$, die in Richtung des Fadens zieht, und in eine dazu senkrechte Komponente $\vec{F}_r$, die den Pendelkörper in Richtung der Ruhelage zurücktreibt (*rücktreibende Kraft*). Vergleiche in beiden Fällen F_r! Was ergäbe sich für $\alpha = 90°$?
   b Ist F_r zu α proportional? Wie wird verständlich, daß die Schwingungsdauer T für kleine Ausschläge unabhängig von der Amplitude ist?

53.2 Wendelsteinbahn

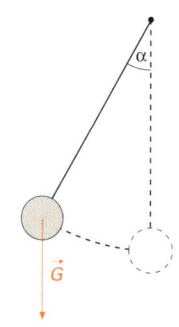

53.3 Fadenpendel

4.7. Der Hebel

Das Hebelgesetz. Einen Schlitten oder einen Handwagen zieht man mit Hilfe eines Seils oder einer Stange, da das Ziehen in gebückter Haltung sehr unbequem wäre. Seil oder Stange übertragen den Angriffspunkt der Muskelkraft auf den Schlitten oder Handwagen. Am Betrag der in Seil- bzw. in Stabrichtung wirkenden Zugkraft ändert sich dabei nichts. Von den Anfängen der Menschheit an hat man aber Stangen oder Stäbe auch zur Vergrößerung von Kräften, zur sog. *Kraftübersetzung*, benutzt.

54.1 Aufrichten einer Steinfigur

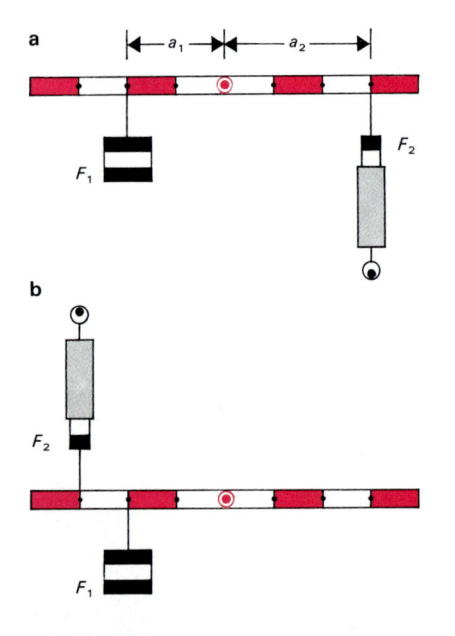

V   Der Deckel einer Lackdose sitzt so fest, daß man ihn mit den Fingern nicht herauszuziehen vermag. Wir schieben unter den Deckelrand die Klinge eines Schraubendrehers, der am Dosenrand aufliegt. Nun genügt eine kleine Kraft auf den Griff, um den Deckel anzuheben. Der Schraubendreher dreht sich dabei um den Auflagepunkt am Dosenrand.

Wird ein Stab so angesetzt, daß er sich um einen Punkt dreht, läßt sich offensichtlich mit einer kleinen Kraft eine große hervorrufen.

Ein um eine feste Achse drehbarer Stab heißt *Hebel*. Abb. 54.1 zeigt, wie auf den Osterinseln mit zwei Hebeln eine 10 m hohe Statue aufgerichtet wird.

Wir untersuchen die Kraftübersetzung durch einen Hebel. Dabei setzen wir zunächst voraus, daß die Kräfte senkrecht zum Stab angreifen. In diesem Sonderfall nennt man die Entfernung des Angriffspunktes einer Kraft von der Drehachse *Hebelarm a*.

V   Auf der linken Seite eines Hebels hängt ein Körper im Abstand $a_1 = 10$ cm von der Drehachse; sein Gewicht F_1 beträgt 3,0 N. Rechts ziehen wir mit einer Kraft F_2 mit dem Hebelarm a_2 so nach unten, daß sich der Hebel nicht dreht. Man sagt dazu: Am Hebel herrscht Gleichgewicht (Abb. 54.2a). Zu verschiedenen Hebelarmen a_2 messen wir jeweils die Kraft F_2 im Gleichgewichtszustand (Vgl. Tab. 54.2c).

V   Um die Drehwirkung des angehängten Körpers aufzuheben, können wir anstatt rechts nach unten auch links nach oben ziehen (Abb. 54.2b). Für das Gleichgewicht ergeben sich die gleichen Wertepaare a_2 und F_2.

Den Spalten 4 bis 6 der Tab. 54.2c entnehmen wir: Ver-n-facht man den Hebelarm a_2, sinkt die erforderliche Kraft F_2 auf den n-ten Teil. Hebelarm und Kraft sind zueinander umgekehrt proportional: $F_2 \cdot a_2 = $ konstant. Kräfte F_2 mit dem Hebelarm a_2, die sich durch gleiche Produktwerte $F_2 \cdot a_2$ auszeichnen, erzielen die gleiche Drehwirkung. Erhöht man die Zugkraft F_2 oder vergrößert man bei gleichbleibendem Kraftbetrag den Hebelarm a_2, wird die Drehwirkung größer; das Gleichgewicht am Hebel wäre gestört. Es bietet sich an, den Term $F \cdot a$ als *Maß für die Drehwirkung* einer Kraft F mit dem Hebelarm a zu verwenden.

a_1 in cm	F_1 in N	$F_1 \cdot a_1$ in Ncm	a_2 in cm	F_2 in N	$F_2 \cdot a_2$ in Ncm
10	3,0	30	5	6,0	30
10	3,0	30	10	3,0	30
10	3,0	30	15	2,0	30
10	3,0	30	20	1,5	30

54.2 Gleichgewicht am Hebel

> Das Produkt aus Kraftbetrag F und Hebelarm a heißt *Drehmoment** M:
> $$M = F \cdot a$$

Das Drehmoment hat die Einheit $[M] = [F] \cdot [a] = 1$ Nm (gesprochen: Newtonmeter). Das Wägestück von Abb. 54.2 erzielt das Drehmoment $M = 30$ Ncm $= 0{,}30$ Nm. Ein Automotor mittlerer Leistung erzeugt dagegen ein Drehmoment von etwa 150 Nm, also 500 mal so viel. Außerdem gibt man bei einem Drehmoment an, ob es den Hebel links oder rechts herum zu drehen versucht.

Hebelgesetz
Am Hebel herrscht Gleichgewicht, wenn das linksdrehende Drehmoment gleich dem rechtsdrehenden ist:
$$F_1 \cdot a = F_2 \cdot a$$

Das Hebelgesetz wurde von Archimedes, der von 285 bis 212 v. Chr. in Syrakus lebte, entdeckt. Aus diesem folgerte er: Ist der eine Hebelarm n-mal so groß wie der andere, so ist die Kraft nur ein n-tel der anderen Kraft. Mit einer kleinen Kraft am sehr langen Hebelarm kann also eine sehr große Kraft am kurzen Hebelarm erzeugt werden. Seine Begeisterung für diese Erkenntnis faßte er in die berühmten Worte: „Gib mir einen Platz zum Stehen, und ich bewege die Erde". Archimedes zählt zu den bedeutendsten Mathematikern und Physikern der Menschheit. Er hat u. a. die Kreiszahl π auf 1 Tausendstel genau berechnet und die Formeln für die Kreisfläche und das Kugelvolumen abgeleitet.

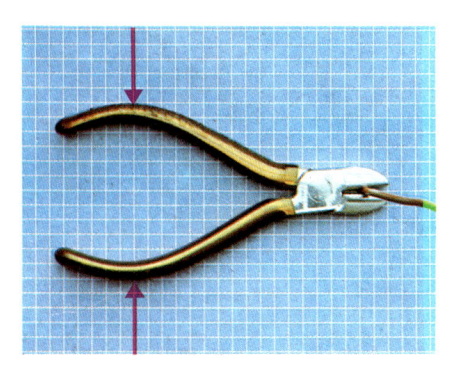

55.1 Seitenschneider

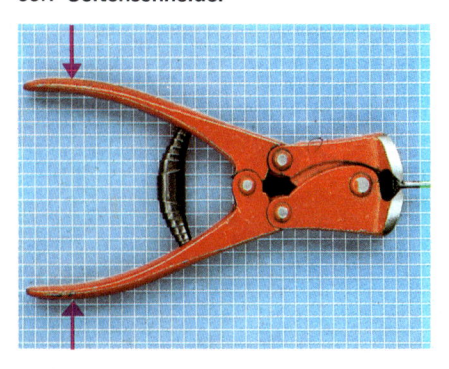

55.2 Zwickzange

Aufgaben

1. *Ein- und zweiseitiger Hebel*
   Greift am Hebelstab die eine Kraft – von der Drehachse aus betrachtet – auf der linken Seite und die andere auf der rechten Seite an, heißt der Hebel *zweiseitiger Hebel*. Greifen die beiden Kräfte auf der gleichen Seite an, heißt der Hebel *einseitiger Hebel*.
   a Suche Beispiele für die Verwendung von Körpern als zweiseitiger Hebel!
   b Suche Beispiele für die Verwendung von Körpern als einseitiger Hebel!
   c Fertige je eine saubere Skizze eines zweiseitigen und eines einseitigen Hebels an, die sich im Gleichgewicht befinden! (Drehachse und Kraftpfeile rot einzeichnen!)
2. Auf der linken Seite eines Hebels hängt 20 cm vom Drehpunkt entfernt ein Körper des Gewichts 3,0 N.
   a Wo muß man einen Körper des Gewichts 4,0 N anhängen, damit Gleichgewicht herrscht?
   b Welches Gewicht hat ein Körper, der 25 cm vom Drehpunkt entfernt Gleichgewicht herstellt?
3. Ein Arbeiter schiebt das eine Ende einer 1,80 m langen Brechstange 15 cm weit unter einen Stein und hebt das andere Ende und damit den Stein durch eine Kraft von 500 N etwas an.
   a Zeichne den Hebel „Brechstange" mit dem Drehpunkt und den Kräften!
   b Welche Kraft wird auf den Stein ausgeübt? Was kann man über sein Gewicht aussagen?
4. *Schneidewerkzeug*
   a Wie verwendet man eine Schere zum Kartonschneiden?
   b Abb. 55.1 zeigt einen *Seitenschneider*. Zum Trennen eines Drahtes ist eine Schneidkraft von 650 N erforderlich, die 1,5 cm vom Drehpunkt entfernt erzeugt wird. Mit welcher Kraft muß man 6,5 cm vom Drehpunkt entfernt auf den Griff drücken?
   c Die Zwickzange von Abb. 55.2 ist „verzwickt". Sie besteht aus zwei Hebeln: Von der Schneide bis zum ersten Drehpunkt sind es 1,5 cm, von diesem bis zum Ende des Hebelarms 3,0 cm, bis zum zweiten Drehpunkt 1,5 cm und schließlich von diesem bis zum Angriffspunkt der Kraft 7,5 cm. Das Wievielfache der aufgewandten Kraft ist die Schneidkraft (Kraftübersetzung)?
5. Bestimme die ungefähre Kraftübersetzung des *Flaschenöffners* und des *Nußknackers* von Abb. 55.3!
6. Die Anordnung nach Abb. 55.4 zeigt stark vereinfacht die Bauweise einer *Dezimalwaage*. Diese ist ohne und mit den beiden aufgelegten Körpern im Gleichgewicht. Welches Gewicht G_2 hat der rechte Körper?

55.3 Flaschenöffner und Nußknacker

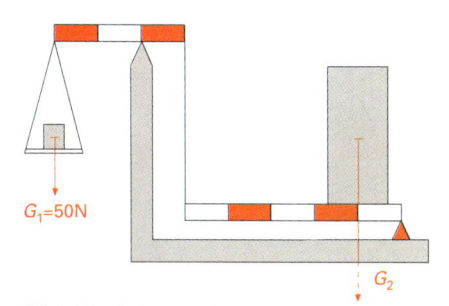

55.4 Vereinfachte Dezimalwaage

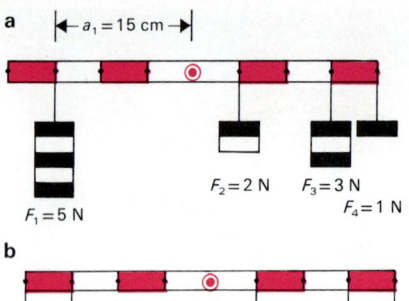

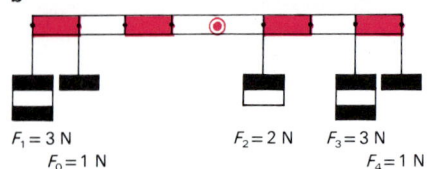

56.1 Momentengleichgewicht

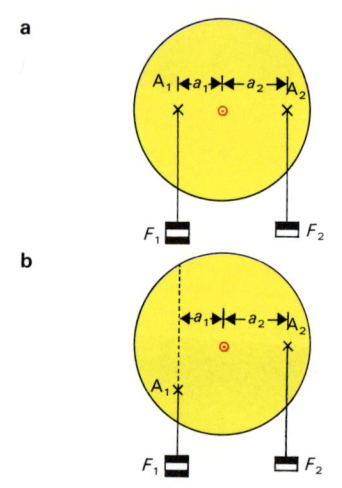

a: $a_1 = 15$ cm; $F_1 = 5$ N, $F_2 = 2$ N, $F_3 = 3$ N, $F_4 = 1$ N

b: $F_1 = 3$ N, $F_0 = 1$ N, $F_2 = 2$ N, $F_3 = 3$ N, $F_4 = 1$ N

56.2 Der Hebelarm

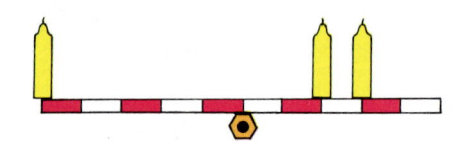

56.3 „Kerzengleichgewicht"

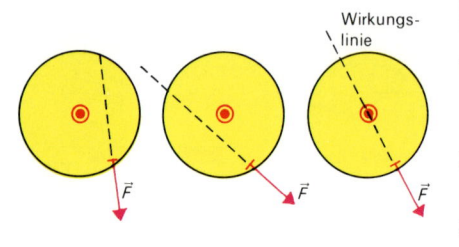

56.4 Drehwirkung einer Kraft

Erweiterung des Hebelgesetzes. Wie lautet die Gleichgewichtsbedingung, wenn mehr als zwei Kräfte den Hebel zu drehen versuchen?

V Wir hängen – wie bisher – an die linke Seite des Hebelstabes wieder einen Körper, an die rechte Seite dagegen drei Körper (Abb. 56.1a).

Die Kraft $\vec{F}_1$ versucht, durch ihr Drehmoment $F_1 \cdot a_1 = 5$ N $\cdot$ 15 cm = 75 N cm den Hebel links herum zu drehen. Im Gleichgewicht muß also das gesamte rechtsdrehende Drehmoment der Kräfte $\vec{F}_2$, $\vec{F}_3$ und $\vec{F}_4$ ebenfalls 75 N cm sein. Die einzelnen rechtsdrehenden Drehmomente sind: $F_2 \cdot a_2 = 2$ N $\cdot$ 5 cm = 10 N cm, $F_3 \cdot a_3 = 3$ N $\cdot$ 15 cm = 45 N cm, $F \cdot a_4 = 1$ N $\cdot$ 20 cm = 20 N cm. Das gesamte rechtsdrehende Drehmoment ist also die Summe der einzelnen Drehmomente.

V Wir hängen nun an den Hebelstab links anstatt des einen Körpers zwei Körper, und zwar so, daß wieder Gleichgewicht besteht (Abb. 56.1b). Für die Summe der links- bzw. rechtsdrehenden Drehmomente ergibt sich:

$\widehat{M} = F_0 \cdot a_0 + F_1 \cdot a_1 = 1$ N $\cdot$ 15 cm + 3 N $\cdot$ 20 cm = 75 N cm
$\widehat{M} = F_2 \cdot a_2 + F_3 \cdot a_3 + F_4 \cdot a_4 = 75$ N cm

Am Hebel herrscht Gleichgewicht, wenn die Summe $\widehat{M}$ der linksdrehenden Drehmomente gleich der Summe $\widehat{M}$ der rechtsdrehenden Drehmomente ist:

$$\widehat{M} = \widehat{M} \quad \text{(Momentengleichgewicht)}$$

Der Hebelarm. Wir haben uns bisher mit dem Stab als Hebel befaßt. Nun gehen wir zu einer kreisförmigen Scheibe über, die um ihren Mittelpunkt drehbar ist.

V Wir stellen uns einen Hebelstab vor, der in der Scheibe enthalten ist: In Drehpunkthöhe hängt links mit $a_1 = 6$ cm ein Körper des Gewichts $F_1 = 3$ N und rechts mit $a_2 = 9$ cm einer des Gewichts $F_2 = 2$ N. Es herrscht Gleichgewicht (Abb. 56.2a). Verschieben wir den Angriffspunkt von $\vec{F}_1$ in Kraftrichtung nach oben oder unten, so bleibt das Gleichgewicht erhalten (Abb. 56.2b).

Verschiebt man den Angriffspunkt einer Kraft in Kraftrichtung, so bleibt die Wirkung auf die Scheibe die gleiche. Man nennt deshalb die Gerade, die durch den Angriffspunkt in Kraftrichtung verläuft, *Wirkungslinie* der Kraft.

Obwohl sich beim Verschieben des Angriffspunkts A_1 die Entfernung zum Drehpunkt vergrößert hat, ist keine Drehung zu beobachten. Die Drehwirkung und damit das Drehmoment $F_1 \cdot a_1$ haben sich nicht geändert. Nicht geändert hat sich auch der Abstand a_1 der Wirkungslinie vom Drehpunkt. Wir folgern daraus:

Der Hebelarm einer Kraft $\vec{F}$ ist der Abstand a ihrer Wirkungslinie von der Drehachse.

Aufgaben

1. Claudia (350 N), Dieter (500 N) und Erna (200 N) wollen mit einer Wippe schaukeln. Claudia und Dieter setzen sich jeweils 2,0 m von der Drehachse entfernt auf die Enden des Balkens. Wo muß sich Erna hinsetzen, damit Gleichgewicht herrscht?

2. Der Hebel von Abb. 56.3 ist im Gleichgewicht. Wie verhält er sich, wenn man die Kerzen gleichzeitig anzündet, so daß sie in gleicher Weise abbrennen?

3. In welche Richtung dreht sich jeweils die Scheibe von Abb. 56.4?

Das Wellrad. Mit einem Hebelstab läßt sich durch eine kleine Kraft am langen Hebelarm ein schwerer Körper am kurzen Hebelarm anheben, allerdings nur um ein kleines Stück. Um große Hubhöhen zu erzielen, hat man zwei Räder miteinander verbunden, auf denen sich Seile oder Ketten abrollen lassen. Diese Anordnung heißt *Wellrad* (Abb. 57.1a). Die Hebelarme der Kräfte $\vec{F}_1$ und $\vec{F}_2$ sind die Radien r_1 und r_2. Also gilt im Gleichgewicht: $F_1 \cdot r_1 = F_2 \cdot r_2$.

V Mit einer Kraft $F_1 = 2{,}0$ N am großen Rad ($r_1 = 9{,}0$ cm) kann man am kleinen Rad vom Radius $r_2 = \frac{1}{3} r_1 = 3{,}0$ cm einer Last des Gewichts $F_2 = 3 \cdot F_1 = 6{,}0$ N das Gleichgewicht halten, und zwar unabhängig davon, in welche Richtung man zieht.

V Zum Hochziehen der Last ist wegen der Reibung eine etwas größere Kraft als $F_1 = 2{,}0$ N nötig. Es fällt dabei auf, daß die Hubhöhe s_2 der Last nur ein Drittel des sog. Kraftweges s_1 beträgt (Abb. 57.1 b): $s_2 = \frac{1}{3} s_1$.

Das läßt sich leicht einsehen: Der Radius und auch der Umfang des kleinen Rades betragen jeweils ein Drittel des Radius bzw. des Umfangs des großen Rades. Also legt ein Punkt auf dem kleinen Rad beim Drehen nur ein Drittel des Weges zurück, den ein Punkt auf dem großen zurücklegt. Eine Verdreifachung des Kraftbetrags führt also zu einer Drittelung der Wegstrecke.

Diese Überlegung läßt sich auf beliebige Radien übertragen:

> Am Wellrad bringt eine Kraftübersetzung stets eine gleich große Weguntersetzung mit sich.

Antriebskraft des Fahrrads. Zum Antrieb eines Fahrrades dienen zwei Wellräder (Abb. 57.2). Beim vorderen Wellrad ist eines der beiden Räder durch eine Kurbel ersetzt. Welche Kraft wirkt bei unserem Fahrrad zum Antrieb auf die Straße, wenn das Pedal mit der Kraft F_1 gedrückt wird? Für das erste Wellrad aus Pedal und großem Kettenrad gilt: $F_1 \cdot r_1 = F_2 \cdot r_2$. Also: $F_2 = \frac{r_1}{r_2} F_1$. Die Kraft F_2 wird durch den oberen Teil der Kette auf das kleine Kettenrad übertragen. Am Hinterrad als weiteres Wellrad gilt entsprechend: $F_3 \cdot r_3 = F_4 \cdot r_4$. Da $F_3 = F_2$ ist, ergibt sich für die am Hinterrad auftretende Antriebskraft: $F_4 = \frac{r_3}{r_4} F_3 = \frac{r_3}{r_4} \cdot \frac{r_1}{r_2} F_1 = \frac{r_1 \cdot r_3}{r_2 \cdot r_4} F_1$. Setzen wir die Werte für die Radien aus unserem Beispiel (Abb. 57.2) ein, erhalten wir: $F_4 = \frac{18\,\text{cm} \cdot 4\,\text{cm}}{9\,\text{cm} \cdot 32\,\text{cm}} \cdot F_1 = \frac{1}{4} \cdot F_1$. Insgesamt wird also ein Viertel der Kraft F_1 auf die Straße übertragen.

V Hängen wir an das Pedal einen Körper des Gewichts $F_1 = 40$ N, muß man das Hinterrad mit der erwarteten Kraft von $F_4 = 10$ N halten.

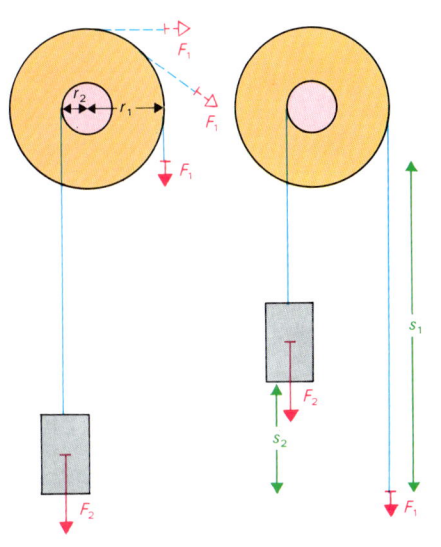

57.1 Kräfte und Wege am Wellrad

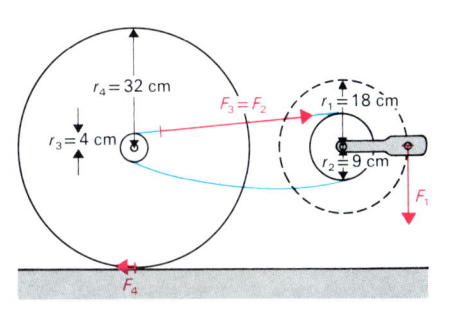

57.2 Wellräder am Fahrrad

Aufgabe

Der Wasserspiegel des Brunnens der Wülzburg (bei Weißenburg in Bayern) liegt in einer Tiefe von 150 m. Zum Hochziehen des 2,4 kN schweren Wasserkübels benutzte man im 18. Jahrhundert ein Wellrad mit den Radien $r_1 = 225$ cm und $r_2 = 37{,}5$ cm (Abb. 57.3).
a Welche Kraft F_1 wäre zum Hochziehen am großen Rad nötig? Welchen Weg s_1 legt dabei ein Punkt P auf dem großen Rad zurück (vgl. Abb. 57.3)?
b Das große Rad ist ein Tretrad. Beim Hochziehen stiegen 2 Personen, die je 600 N wogen, im Rad von Brett zu Brett. In welchem Abstand a von der Drehachse mußten sie laufen? Wie lange brauchten sie, wenn sie das große Rad mit der Geschwindigkeit 0,3 m/s antrieben?
c In Wirklichkeit liefen die beiden Personen in ca. 1 m Abstand von der Achse. Warum?

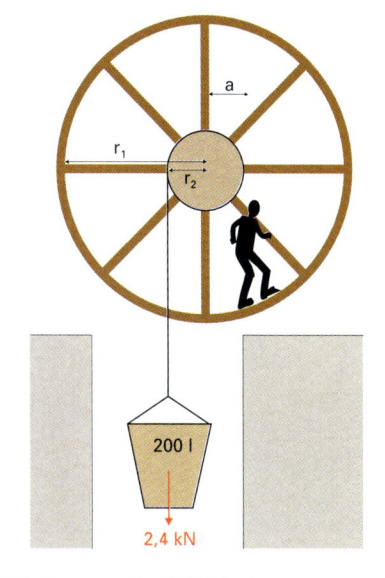

57.3 Brunnen der Wülzburg

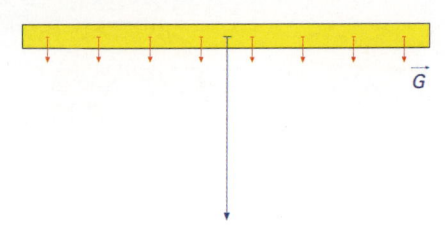

58.1 Gewichtskraft eines Stabes

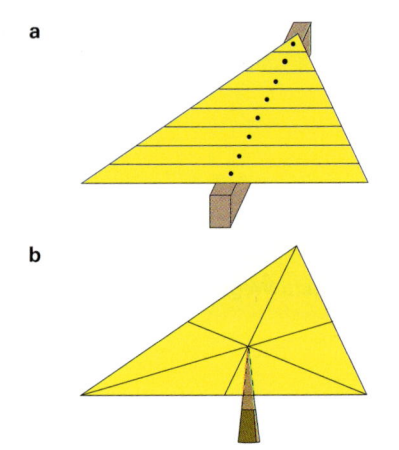

a

b

58.2 Schwerpunkt eines Dreiecks

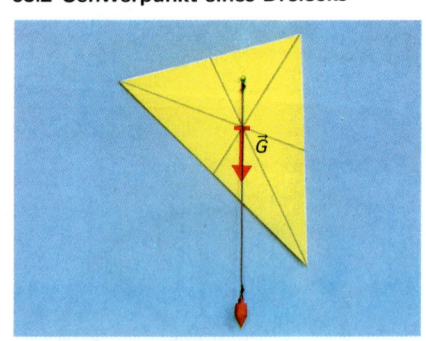

58.3 Hängendes Dreieck

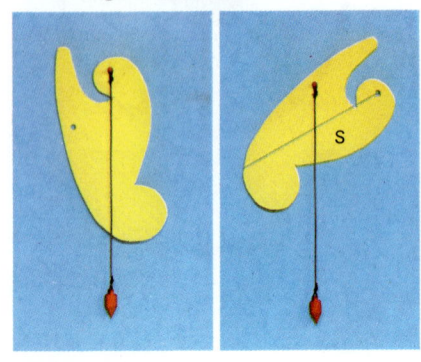

58.4 Experimentelle Bestimmung des Schwerpunkts

4.8. Der Schwerpunkt

Der Schwerpunkt. Wir stellen die Gewichtskraft eines Körpers durch eine einzige Kraft dar. Dürfen wir eigentlich die Gewichtskräfte der einzelnen Atome oder Moleküle eines Körpers zu einer Kraft $\vec{G}$ zusammenfassen?

Bei einem Stab gehen wir davon aus, daß $\vec{G}$ im Mittelpunkt S angreift (Abb. 58.1). Verhält sich der Stab so?

V Die Drehachse verläuft durch S. Der Hebelarm der Gewichtskraft ist gleich Null, und damit ihr Drehmoment gleich Null. Der Stab ist im Gleichgewicht.

V Verläuft die Drehachse im Abstand a von S, muß man – um Gleichgewicht herzustellen – auf der anderen Seite im gleichen Abstand a einen gleich schweren Körper hinhängen. Im doppelten Abstand $2a$ genügt ein Körper des Gewichts $\frac{1}{2}G$. Die Gewichtskraft erzeugt also das Drehmoment $G \cdot a$. Das ist gerade der Wert, den man erhält, wenn man sich vorstellt, daß $\vec{G}$ im Mittelpunkt des Stabes angreift.

> Der Angriffspunkt der Gewichtskraft $\vec{G}$ heißt *Schwerpunkt* S.

Wie findet man den Schwerpunkt S eines Dreiecks? Es sei überall überall gleich dick und durchgehend aus gleichem Material. Wir denken uns das Dreieck in Stäbe aufgeteilt (Abb. 58.2a). Unterstützen wir es in den Schwerpunkten aller Stäbe, also längs der Seitenhalbierenden, ist das Dreieck im Gleichgewicht. Da es nicht kippt, ist das von der Gewichtskraft erzeugte Drehmoment gleich Null. Folglich muß der Schwerpunkt S des Dreiecks auf der Seitenhalbierenden liegen. Entsprechend muß S auch auf den beiden anderen Seitenhalbierenden liegen: S ist also der Schnittpunkt der Seitenhalbierenden.

V Unterstützen wir das Dreieck in S, ist es im Gleichgewicht (Abb. 58.2b). Neigen wir es etwas, bleibt das Gleichgewicht erhalten: S ist für jede Lage der Angriffspunkt von $\vec{G}$.

Experimentelle Bestimmung des Schwerpunkts. Wie hängt ein Körper?

V Ein Dreieck wird nacheinander an verschiedenen Punkten aufgehängt: Der Schwerpunkt S liegt immer auf dem Lot durch den Aufhängepunkt (Abb. 58.3).

Warum? Die Gewichtskraft $\vec{G}$, die in S angreift, versucht, den Körper zu drehen. Ruht der Körper, muß die Wirkungslinie von $\vec{G}$ durch den Drehpunkt (Aufhängepunkt) verlaufen. Also befindet sich S auf dem Lot durch den Aufhängepunkt.

> Ist ein Körper frei beweglich aufgehängt, so liegt sein Schwerpunkt S auf dem Lot durch den Aufhängepunkt.

Gestützt auf dieses Ergebnis können wir den Schwerpunkt S eines beliebigen Körpers experimentell bestimmen:

V Ein Kartonstück willkürlicher Form wird nacheinander an zwei verschiedenen Punkten aufgehängt. Mit Hilfe eines im Aufhängepunkt befestigten Senklotes zeichnen wir die zugehörigen Wirkungslinien der Gewichtskraft ein: Diese schneiden sich im Schwerpunkt S (Abb. 58.4). – Zur Überprüfung unterstützen wir das Kartonstück in diesem Punkt. Es ist im Gleichgewicht.

Aufgaben

1. Wo liegt der Schwerpunkt eines
   a achsensymmetrischen Körpers, **b** punktsymmetrischen Körpers, **c** eines Rechtecks,
   d eines Halbkreises, **e** eines Kreisrings, **f** eines Rohres?

2. Wo sollte der Schwerpunkt eines Autorades liegen? Wie wird diese Lage bei der Reifenmontage erreicht?

3. Zeichne **a** ein beliebiges Viereck, **b** einen Halbkreis mit Radius 10 cm, auf einen Karton, und schneide beide aus. Bringe jeweils zwei Schlaufen aus Faden an, und bestimme die Schwerpunkte experimentell!

4. Ein 30 cm langes Holzlineal ist 36 cN schwer. Es wird bei der 12-cm-Markierung durch einen Bleistift unterstützt. Auf welche Markierung muß man einen Radiergummi des Gewichts 12 cN legen, damit Gleichgewicht herrscht?

5. Ein 1,2 kN schwerer Baumstamm ist 6,0 m lang. Liegt er am dicken Ende auf, so ist am anderen dünnen Ende zum Halten eine Kraft von 500 N nötig. Wo befindet sich der Schwerpunkt des Baumstamms?

6. **a** Wo liegt der Schwerpunkt eines Menschen in „Normalhaltung"? Wie ändert sich die Lage, wenn er die Beine anzieht oder in der Hüfte abknickt?
   b Wo befindet sich der Schwerpunkt eines Stabhochspringers, der gerade die Latte überquert?

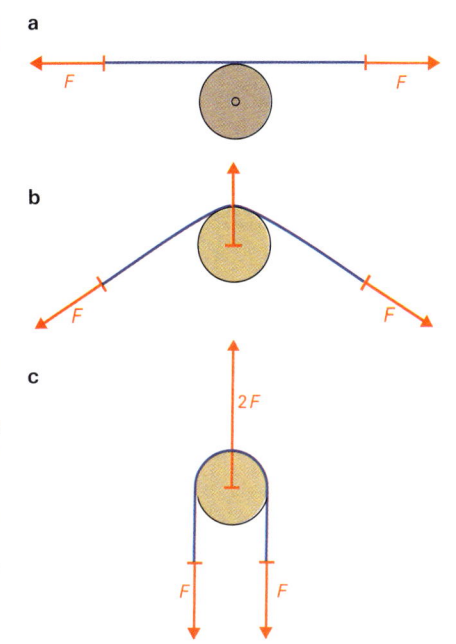

59.1 Gleichgewicht an der Rolle

4.9. Kräfte am Flaschenzug

Mit dem Hebel und dem Wellrad haben wir *einfache Maschinen* kennengelernt, die kleine Kräfte in große umwandeln. Archimedes erfand einen weiteren „Kraftübersetzer", den *Flaschenzug*. Ein mit vielen Menschen beladenes Schiff konnte er damit ohne große Kraftanstrengung an Land ziehen.

Gleichgewicht an der Rolle. Das wichtigste Bauelement des Flaschenzuges ist die *Rolle*. Über sie wird ein Seil geführt. An den Enden wird gezogen. Aus dem Hebelgesetz folgt: Wenn sich die Rolle nicht dreht, müssen die Beträge der Zugkräfte gleich sein (Abb. 59.1b).

V Mit welcher Kraft muß man die Rollenachse halten, wenn an jedem Seilende mit einer Kraft des Betrags F gezogen wird? Wir übertragen unsere Erkenntnisse über die Zusammensetzung zweier Kräfte auf die Rolle: Sind die Kräfte entgegengesetzt gerichtet, so wirkt auf die Rollenachse keine Kraft (Abb. 59.1a). Je kleiner der Winkel zwischen den beiden Zugkräften wird, desto größer wird die Kraft, mit der die Rolle gehalten werden muß. Sind die beiden Zugkräfte schließlich gleich gerichtet, beträgt die Haltekraft schließlich 2F (Abb. 59.1c).

Wir beschränken unsere Untersuchungen auf diesen einfachen letzten Fall.

Damit sich eine Rolle *nicht dreht* und damit sie *ihren Ort nicht ändert*, müssen also folgende Bedingungen erfüllt sein (Abb. 59.1c):

> An einer Rolle herrscht Gleichgewicht, wenn
> 1. die beiden gleich gerichteten Seilkräfte gleichen Betrag F haben,
> 2. die entgegengesetzt gerichtete, auf die Rollenachse wirkende Kraft den Betrag 2F hat.

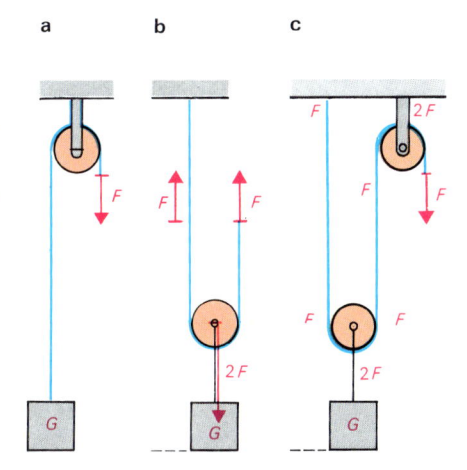

59.2 Ortsfeste Rolle, lose Rolle und Flaschenzug

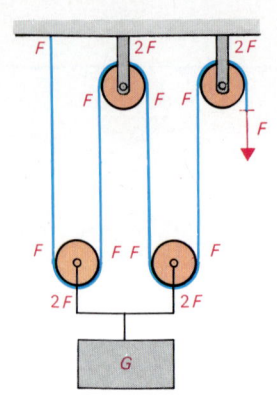

60.1 Kräfte an einem Flaschenzug

Der Flaschenzug. Die Reibung sowie das Rollen- und das Seilgewicht seien vernachlässigbar klein. Mit einer an einem bestimmten Ort befestigten Rolle, einer *festen Rolle*, benötigt man zum Halten einer Last des Gewichts G am anderen Seilende eine Kraft des Betrags $F = G$ (Abb. 59.2a).

Will man die Zugkraft in eine größere übersetzen, muß man die Last an die Rollenachse hängen. Mit der Rolle wird dann auch die Last gehoben. Diese Rolle heißt deshalb *lose Rolle*. Zum Halten ist sowohl links als auch rechts eine Seilkraft des Betrags $F = \frac{1}{2}G$ erforderlich (Abb. 59.2b). Damit man die Kraft $\frac{1}{2}G + \frac{1}{2}G = G$ nicht wieder insgesamt aufwenden muß, wird das eine Seilende an einem Haken befestigt. Nun genügt am anderen eine Zugkraft des Betrags $F = \frac{1}{2}G$. Damit diese bequem aufgebracht werden kann, leitet man das Seilende mit einer ortsfesten Rolle um. Diese Anordnung ist die einfachste Form eines *Flaschenzuges* (Abb. 59.2c).

Wir erweitern diesen jetzt um eine zweite lose und eine zweite ortsfeste Rolle (Abb. 60.1). Zur Ermittlung der Beziehung zwischen dem Betrag F der Zugkraft und dem Gewicht G der Last wenden wir Schritt für Schritt die Gleichgewichtsbedingung der Rolle an. Zunächst schreiben wir an das Seilende F. Gestützt auf die 1. Gleichgewichtsbedingung schreiben wir an das Seil nach der rechten ortsfesten Rolle auch F, nach der 2. Gleichgewichtsbedingung für die Kraft auf die Rollenachse 2F. Dann verfahren wir genauso mit der rechten losen Rolle, der linken ortsfesten und schließlich mit der linken losen Rolle. Rechts und links an der Last wirkt also jeweils eine Kraft des Betrags 2F nach oben: $G = 2F + 2F = 4F$; die Zugkraft wird vervierfacht.

V Wir überprüfen unsere Überlegungen durch ein Experiment. Wenn das Gewicht G_R einer Rolle nicht wesentlich geringer als das Gewicht G_L der Last ist, müssen wir es berücksichtigen. Da die losen Rollen unmittelbar mit der Last verbunden sind, schlagen wir ihr Gewicht dem der Last zu: $G = G_L + 2G_R$. Zum Hochziehen der Last benötigen wir wegen der Reibung etwas mehr als $F = \frac{1}{4}G$.

Es fällt auf, daß – wie beim Wellrad – eine Kraftübersetzung eine Weguntersetzung mit sich bringt. Eine gleich große? Mit dieser Frage werden wir uns an späterer Stelle genauer befassen.

In der Technik faßt man die ortsfesten und die losen Rollen jeweils auf einer Achse in einem Gehäuse („Flasche" genannt) zusammen. Bei Kranen zum Heben sehr schwerer Lasten enthält eine Flasche bis zu 10 Rollen.

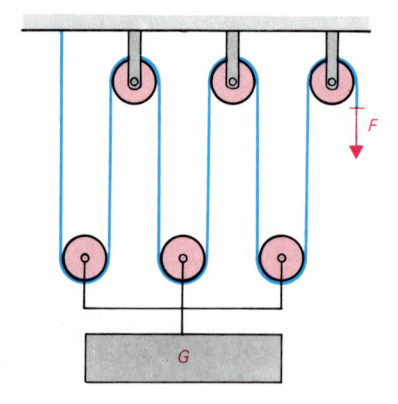

60.2 Zu Aufgabe 1

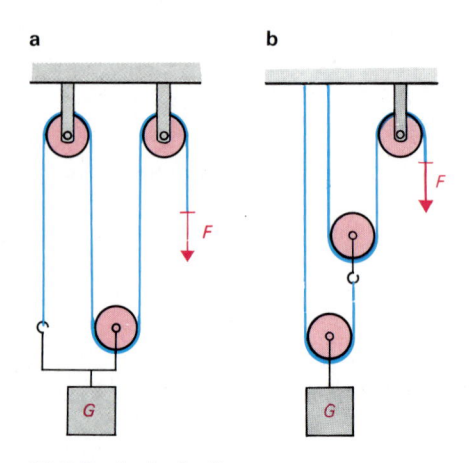

60.3 Zu Aufgabe 2

Aufgaben

Hinweis: Das Gewicht der Rollen und des Seils sowie die Reibung seien vernachlässigbar.

1. **a** Ermittle durch mehrfache Anwendung der Gleichgewichtsbedingung der Rolle die Beziehung zwischen F und G des Flaschenzuges von Abb. 60.2!
   b Welche Beziehung zwischen F und G ergibt sich, wenn man bei gleichem Bauprinzip des Flaschenzuges 2n Rollen verwendet? Begründung!
   c Eine Lokomotive ($G = 400$ kN) wird durch einen solchen Flaschenzug mit 5 festen und 5 losen Rollen gehoben. Berechne den Betrag F der Zugkraft!

2. Welche Beziehung besteht zwischen dem Betrag F der Zugkraft und dem Gewicht G der Last des Flaschenzuges von **a** Abb. 60.3a, **b** Abb. 60.3b?

5. Masse und Dichte

5.1. Die Schwerkraft

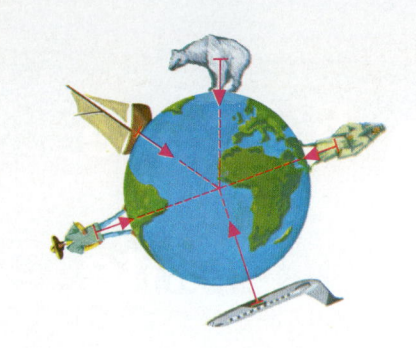

Die Ortsabhängigkeit der Schwerkraft. Läßt man am Nordpol oder an einem anderen beliebigen Ort auf der Erde, z. B. in Deutschland, in Afrika oder Neuseeland einen Körper los, so fällt er nach „unten". Die Schwerkraft ist überall nach „unten" gerichtet. Trotzdem sind diese Richtungen verschieden. Genau genommen müßte man sagen: Die Schwerkraft ist zum Erdmittelpunkt hin gerichtet (Abb. 62.1).

Nicht nur die Erde, auch die anderen Himmelskörper ziehen jeden Körper an. Wir erweitern deshalb den Begriff „Schwerkraft":

> Die Kraft, mit der ein Körper von der Erde oder einem anderen Himmelskörper angezogen wird, nennt man *Schwerkraft* oder *Gewichtskraft*. Der Betrag der Gewichtskraft heißt *Gewicht*.

Ein Körper, der z. B. auf der Erde 1 N wiegt, wiegt auf dem Mond nur noch $\frac{1}{6}$ N. Das Gewicht eines Astronauten auf dem Mond beträgt nur noch ein Sechstel seines Gewichts auf der Erde. Es gilt ganz allgemein:

> Richtung und Betrag der Gewichtskraft eines Körpers hängen vom Ort ab.

Die Schwerkraft nimmt mit wachsendem Abstand von der Erdoberfläche ab: In der doppelten Entfernung vom Erdmittelpunkt wirkt auf die Rakete nur noch $\frac{1}{4}$ der Schwerkraft $\vec{G}_1$ auf der Erdoberfläche, in der dreifachen Entfernung nur noch $\frac{1}{9}\vec{G}_1$ (Abb. 62.2).

„Schwerelosigkeit". Nur in einem Punkt der Verbindungsstrecke Erde–Mond halten sich die Schwerkraft $\vec{G}_E$, die die Rakete durch die Erde erfährt, und die Schwerkraft $\vec{G}$, die sie durch den Mond erfährt, das Gleichgewicht: Die Rakete ist schwerelos. Astronauten berichten aber, daß während des Raumfluges „fast immer" Schwerelosigkeit herrscht. Wie läßt sich das erklären?

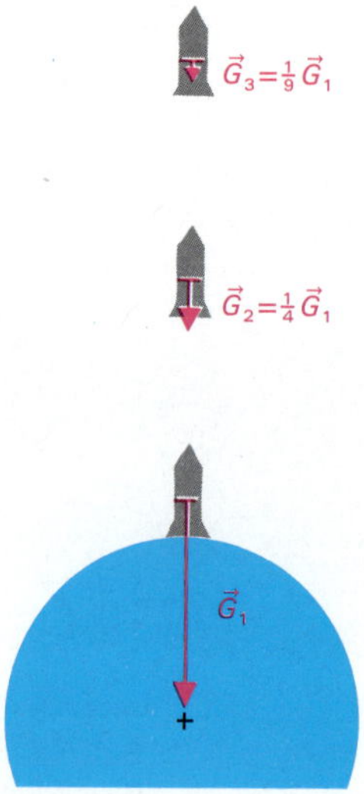

V In einer sogenannten Fallröhre befindet sich eine Vogelfeder und eine kleine Metallkugel. Kippt man die Röhre, erreicht die Metallkugel den Boden viel schneller als die Feder. Wird die Röhre weitgehend luftleer gepumpt, fallen Feder und Kugel gemeinsam nach unten und treffen gleichzeitig auf.

Ist der Luftwiderstand so klein, daß er die Bewegung nicht merklich behindert, nimmt die Geschwindigkeit aller fallenden Körper – unabhängig von deren Gewicht – in gleicher Weise zu.

Abb. 63.1 zeigt den Blick in ein Flugzeug, das kurzzeitig im freien Fall der Erde entgegenstürzt. Die Geschwindigkeit der Testpersonen und des Flugzeuges nimmt in gleicher Weise zu. Die Personen üben keine Kraft auf den Boden des Flugzeuges aus. Sie fühlen sich schwerelos, obwohl die Schwerkraft nicht wesentlich kleiner ist als auf der Erdoberfläche.

> Eine Person fühlt sich schwerelos, wenn sie und ihr Aufenthaltsraum frei fallen.

Wir stellen uns ein Raumschiff vor, das sich auf dem Weg vom Mond zur Erde befindet: Die Schwerkraft, die die Rakete und die Astronauten durch die Erde er-

62.1 Richtung der Schwerkraft

62.2 Abnahme der Schwerkraft bei Entfernung vom Erdmittelpunkt

63.1 Schwerelosigkeit in einem Flugzeug im freien Fall

63.2 Astronaut beim Essen

fahren, nimmt immer mehr zu; das Raumschiff stürzt im freien Fall mit wachsender Geschwindigkeit auf die Erde zu. Die Astronauten bemerken aber nichts davon. Sie fühlen sich „schwerelos". Sie können nicht wie auf der Erde essen: Die Bestandteile der Mahlzeit würden durch die kleinen Stöße beim Auspacken zwischen den Wänden hin und her sausen. Deshalb drücken die Astronauten die Nahrung in breiförmigem Zustand aus einem Plastikbeutel unmittelbar in den Mund (Abb. 63.2).

Beim Eintauchen in die Lufthülle wird die Raumkapsel gebremst. Wir vergleichen dies mit der Fallröhre: Die Raumkapsel entspricht der gebremsten Feder, der Astronaut der kleinen Kugel. Würde diese auf der Vogelfeder liegen, so würde sie auf die gebremste Feder drücken. Da die Raumkapsel von 40000 km/h auf eine niedrige Geschwindigkeit abgebremst wird, drückt es die Astronauten in ihren Sitz. Sie verspüren ein Vielfaches des Gewichts, das sie auf der Erde hätten.

Aufgaben

1. Hängt man im Physiksaal einen Körper an eine Schraubenfeder, so wird diese um 12 cm länger. Welche Verlängerung ergäbe sich auf dem Mond?

2. Auf der Erde startet eine Rakete zum Mondflug.
   a Wie groß muß die Schubkraft beim Start mindestens sein?
   b Innerhalb kurzer Zeit hat die Rakete eine Geschwindigkeit von 40000 km/h erreicht und schaltet die Triebwerke ab. Die Rakete fliegt jetzt antriebslos dem Mond entgegen. Auf sie wirken zwei Kräfte: Die Schwerkraft $\vec{G}_E$, die sie durch die Erde erfährt, und die Schwerkraft $\vec{G}_☾$, die sie durch den Mond erfährt (Abb. 63.3). Wie ändern sich diese Kräfte während des Fluges? Wie wirkt sich das auf die Raketengeschwindigkeit aus?

3. Astronauten finden auf dem Mond einen Stein. Sie hängen ihn an einen Kraftmesser. Dieser zeigt $G_☾ = 1{,}0$ N an.
   a Wieviel zeigt er im frei fallenden Raumschiff zwischen Mond und Erde an?
   b Was kann man über die Anzeige des Kraftmessers beim Eintauchen in die Lufthülle der Erde aussagen?
   c Wieviel zeigt er auf der Erde an?

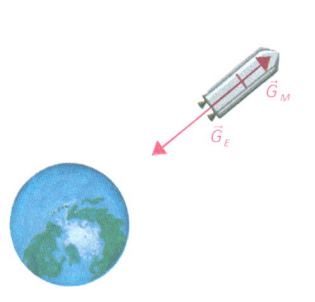

63.3 Anziehungskräfte von Erde und Mond auf eine Rakete

5.2. Die Masse

Die Gravitation. Die Erde, der Mond, die Sonne ziehen jeden Körper an. Warum? Gleichnamige Pole von Magneten stoßen sich ab, ungleichnamige ziehen sich an. Warum? – Fragen dieser Art zielen auf das Wesen der Dinge ab. Darauf gibt die Physik keine Antwort! Die Physik ist bescheidener: Sie beschränkt sich darauf, Erscheinungen und Vorgänge zu untersuchen und so einfach und so genau wie möglich zu beschreiben.

Dieses Vorgehen der Physik ist zweckmäßig: Man stellt z. B. fest, daß es Körper mit zwei außergewöhnlichen Stellen gibt, die sich abstoßen bzw. anziehen. Ein Körper mit dieser Eigenschaft erhält den Namen „Magnet". *Abstoßung und Anziehung werden also nicht begründet; man stellt sie fest und gibt der Ursache einen Namen.*

Man kann auch nicht begründen, warum die Erde, der Mond, die Sonne jeden Körper anziehen. Man kommt schließlich auf die Idee: Die Anziehung eines Körpers kann nicht allein von der Erde oder von den Himmelskörpern ausgehen. Es muß sich um eine grundlegende Eigenschaft handeln: *Alle Körper* – also auch zwei auf der Erdoberfläche – *ziehen sich gegenseitig an*. Dieser Gedanke wurde erstmals von Isaac Newton vor ca. 300 Jahren ausgesprochen.

Wir spüren aber andererseits nicht, daß ein Haus oder ein Baum auf uns eine Anziehungskraft ausüben. Ist der Partner eines Körpers verhältnismäßig klein, also kein Himmelskörper, so ist die Anziehungskraft offenbar äußerst gering. Dennoch ist es gelungen, die Anziehungskraft zwischen zwei Bleikugeln nicht nur nachzuweisen, sondern sogar zu messen.

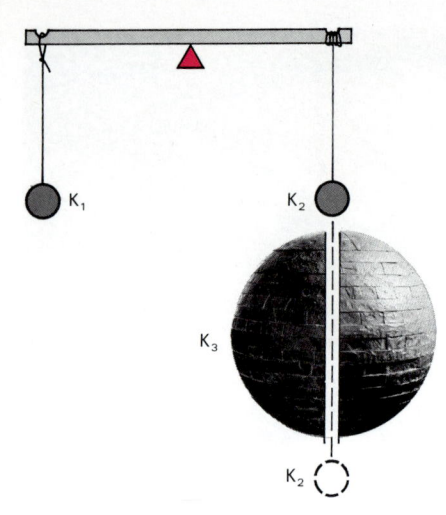

64.1 Versuch zur Messung der Gravitationskraft

> Die Erscheinung, daß sich zwei beliebige Körper gegenseitig anziehen, heißt *Gravitation**.

Aufgaben

1. Die Messung der Gravitationskraft zwischen zwei Körpern auf der Erde gelang zum ersten Mal im letzten Jahrhundert mit einem hochempfindlichen Waagbalken: Zwei Bleikugeln K_1 und K_2 mit einem Durchmesser von 10 cm hielten sich an ihm das Gleichgewicht. K_2 befand sich zuerst unmittelbar oberhalb einer Kugel K_3 mit dem Durchmesser 1 m, die aus Bleibarren zusammengesetzt war. Dann führte man die Aufhängung von K_2 durch eine Bohrung von K_3 hindurch hindurch, so daß nun K_2 unmittelbar unterhalb K_3 hing (Abb. 64.1).
   a Es sei $\vec{G}_E$ die Kraft, mit der die Erde K_2 anzieht, und $\vec{G}$ die Kraft, mit der K_3 die Kugel K_2 anzieht. Drücke den Kraftbetrag G_o, mit dem die Kugel K_2 in der oberen Stellung am Waagbalken zieht, durch G_E und G aus! Drücke den entsprechenden Kraftbetrag G_u in der unteren Stellung durch G_E und G aus! Welche Seite des Waagbalkens senkte sich also beim Wechsel von der oberen in die untere Stellung?
   b Mußte man folglich auf K_1 oder K_2 einen Zusatzkörper legen, damit in der 2. Stellung wieder Gleichgewicht herrschte? Wie erhält man aus dem Gewicht 0,000 012 N des Zusatzkörpers den gesuchten Betrag G der Anziehungskraft zwischen K_2 und K_3?

2. Stelle dir vor, man könnte von uns aus durch die Erde hindurch bis Neuseeland einen geradlinigen Schacht graben.
   a Welches Gewicht hätte in diesem Schacht ein Körper im Erdmittelpunkt? Begründung!
   b Wie ändert sich vermutlich die Gewichtskraft eines Körpers, der sich im Schacht von der Erdoberfläche immer mehr dem Erdmittelpunkt nähert?
   c Wie ändert sich die Geschwindigkeit einer Kabine, die man bei uns in den Schacht hineinfallen läßt? Mit welcher Geschwindigkeit erreicht sie Neuseeland?
   d Wie würde man sich in der Kabine bei der Reise nach Neuseeland fühlen?
   (Erddrehung nicht berücksichtigen).

3. Erläutere an Hand einiger Beispiele, daß die Gravitation nicht durch den Magnetismus erklärt werden kann! *Die Gravitation ist also keine magnetische Erscheinung!*

Die Masse. Der Betrag der Schwerkraft, die an einem Körper angreift, hängt vom jeweiligen Himmelskörper ab, und auch noch vom Abstand zwischen Himmelskörper und Körper. Außerdem gilt eine Erfahrung, die wir mit Körpern auf der Erde machen, ganz allgemein: Das Gewicht hängt vom Körper selbst ab.

Versuche ergeben: Sind zwei Körper aus beliebigen Stoffen – z. B. der eine aus Eisen und der andere aus Holz – auf der Erde gleich schwer, so sind sie zwar auf dem Mond leichter als auf der Erde, aber untereinander wiederum gleich schwer (Abb. 65.1).

Wenn ein Körper auf der Erde n-mal so schwer ist wie ein Vergleichskörper, dann ist er auch auf dem Mond n-mal so schwer. Der Körper gibt also eine Eigenschaft zu erkennen, die nur ihm allein zuzuschreiben ist und nur von ihm selbst abhängt. Sie bestimmt, wievielmal ein Körper an einem beliebigen Ort schwerer ist als ein Vergleichskörper.

> Die einem Körper eigene Ursache für die Gewichtskraft heißt *Masse*. Die Masse ist vom Ort unabhängig.

Die Farbe eines Körpers wird feststellbar, wenn Licht auf ihn fällt. Seine Masse ruft eine feststellbare Wirkung hervor, wenn er sich im Anziehungsbereich eines weiteren Körpers, z. B. eines Himmelskörpers befindet: Die Wirkung der Masse nehmen wir als „Schwere" wahr.

Die Masse als physikalische Größe. Die Festlegung der Masse als physikalische Größe ist gleichbedeutend mit der Angabe eines Meßverfahrens. Dazu setzen wir in naheliegender Weise fest, wie man Massengleichheit und Massenvielfachheit feststellen kann:

> Zwei Körper haben gleiche Masse, wenn sie am gleichen Ort gleich schwer sind. Ein Körper hat die n-fache Masse eines Vergleichskörpers, wenn er am gleichen Ort n-mal so schwer ist.

Zur Messung benötigen wir noch eine Einheit. Zu ihrer Festlegung eignet sich irgendein gegenüber äußeren Einflüssen stabiler Körper. Man bewahrt diesen sogenannten *Normkörper* in Paris auf. Davon hat fast jeder Staat eine Kopie als *nationales Urkilogramm* erworben (Abb. 65.2).

> Die Masseneinheit heißt 1 *Kilogramm* (1 kg). 1 kg ist die Masse des in Paris aufbewahrten Normkörpers.

Für folgende Vielfache und Bruchteile von 1 kg verwendet man Abkürzungen: 1000 kg = 1 Tonne = 1 t; $\frac{1}{1000}$ kg = 1 Gramm = 1 g; $\frac{1}{1000}$ g = 1 Milligramm = 1 mg.

Die Masse eines Körpers wird mit m bezeichnet.

Betrachten wir einen Körper, der nur aus einer Stoffart besteht. So ist z. B. ein Eisenkörper aus Eisenatomen aufgebaut. Doppelte Eisenmasse bedeutet an einem bestimmten Ort doppeltes Gewicht, also auch die doppelte Anzahl von Eisenatomen. Bei derselben Stoffart ist die Masse zur Anzahl dieser Teilchen direkt proportional.

Die direkte Proportionalität zwischen Gewicht und Masse. Aufgrund der Festlegung der Massenvielfachheit sind Gewicht G und Masse m von Körpern an gleichem Ort direkt proportional: $G \sim m$.

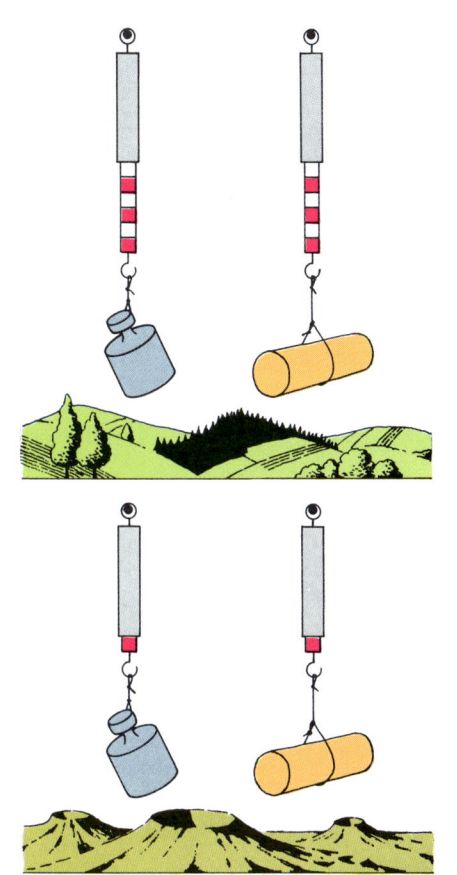

65.1 Schwerkraft auf der Erde und auf dem Mond

65.2 „Urkilogramm der Bundesrepublik Deutschland"

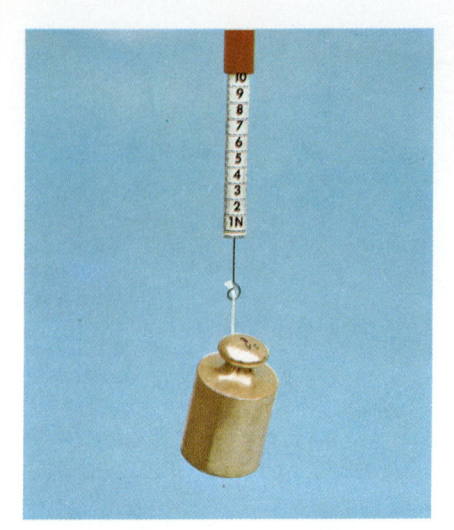

66.1 Bestimmung des Ortsfaktors auf der Erde

Folglich sind zusammengehörige Wertepaare quotientengleich: G/m = konstant. Für die Konstante schreibt man den Buchstaben g: $G/m = g$. Also:

$$G = g \cdot m$$

Die Masse eines Körpers ist vom Ort unabhängig. Da das Gewicht des Körpers vom Ort abhängt, hängt auch g vom Ort ab. Wir nennen deshalb g *Ortsfaktor**. g ist um so größer, je größer die Anziehung des beteiligten Himmelskörpers ist.

Für die Einheit von g folgt: $[g] = \frac{[G]}{[m]} = \frac{1\,N}{1\,kg} = 1\,\frac{N}{kg}$.

V Bestimmung des Ortsfaktors für unseren Bereich: Ein Körper, der über Umwege mit dem Urkilogramm verglichen wurde, trägt die Aufschrift „1 kg". Hängt man ihn an einen Kraftmesser, so zeigt dieser G = 9,8 N an (Abb. 66.1).

Hiermit ergibt sich für den Ortsfaktor: $g = \frac{G}{m} = \frac{9,8\,N}{1\,kg} = 9,8\,\frac{N}{kg}$.

g = 9,8 N/kg bedeutet: Ein Körper mit der Masse n kg wiegt bei uns $n \cdot$ 9,8 N.

Gestützt auf das Wissen, daß das Gewicht G eines Körpers auf dem Mond nur $\frac{1}{6}$ seines Gewichts G_E auf der Erde ist, können wir auch den Ortsfaktor $g_☾$ für den Mond berechnen. Dazu betrachten wir wieder einen Körper der Masse 1 kg:

$g_☾ = \frac{G_☾}{m} = \frac{\frac{1}{6} \cdot 9,8\,N}{1\,kg} = 1,6\,\frac{N}{kg}$.

In Tab. 66.2 sind weitere interessante Ortsfaktoren angegeben. Selbst auf der Erde ändert sich das Gewicht von Ort zu Ort etwas. Ein Körper der Masse 1 kg wiegt am Äquator 9,78 N, in Deutschland 9,81 N und am Pol 9,83 N. Eine der Ursachen für diese geringen Gewichtsunterschiede ist die leichte Abplattung der Erde: An den Polen befindet sich ein Körper näher am Erdmittelpunkt als am Äquator.

Wir werden die geringen Gewichtsunterschiede auf der Erde meist vernachlässigen und für den Ortsfaktor auf der Erde 10 N/kg verwenden. Es gilt ungefähr:

Ein Körper der Masse	1 kg	wiegt auf der Erde	10 N,
ein Körper der Masse	100 g	wiegt auf der Erde	1 N,
ein Körper der Masse	1 g	wiegt auf der Erde	$\frac{1}{100}$ N = 1 cN.

Ort	g in $\frac{N}{kg}$	Ort	g in $\frac{N}{kg}$
Äquator	9,78	Mars	3,8
Deutschland	9,81	Venus	8,5
Pol	9,83	Jupiter	26
Mond	1,6	Sonne	270

66.2 Interessante Ortsfaktoren

66.3 Edwin Aldrin am 21. Juli 1969 auf dem Mond, fotografiert von Neil Armstrong

Musteraufgabe

Der Mondlandeanzug, mit dem Neil Armstrong am 21. Juli 1969 als erster Mensch den Mond betrat, hatte auf der Erde das Gewicht G_E = 820 N. Welches Gewicht und welche Masse hatte er auf dem Mond (Abb. 66.3)?

Lösung: Gegeben: G_E = 820 N, g_E = 10 $\frac{N}{kg}$, $g_☾$ = 1,6 $\frac{N}{kg}$ Gesucht: $G_☾$, $m_☾$

Da die Masse vom Ort nicht abhängt, folgt: $m_☾ = m_E = m$
Es gilt: $G_E = g_E \cdot m$; $G_☾ = g_☾ \cdot m$

Also: $m = \frac{G_E}{g_E} = \frac{820\,N}{10\,N/kg} = 82\,kg$; $G_☾ = g_☾ \cdot m = 1,6\,\frac{N}{kg} \cdot 82\,kg = 130\,N$.

Aufgaben

1. Wieviel wiegen Körper mit der Masse $m_1 = 1{,}0$ g, $m_2 = 1{,}0$ kg und $m_3 = 1{,}0$ t auf
   a der Erde, **b** dem Mond, **c** dem Mars, **d** dem Jupiter?

2. Am 16. Juli 1969 startete eine 110 m lange dreistufige Rakete mit einem Raumschiff zur ersten bemannten Mondlandung. Beim Start betrug die Masse der Rakete mit Treibstoff und Nutzlast 3000 t.
   a Welche Schubkraft mußte die Rakete beim Start mindestens entwickeln?
   b Nachdem jeweils eine Stufe ausgebrannt war, wurde sie abgeworfen. Auf dem Mond landete schließlich nur ein Fluggerät der Masse 15 t. Selbst davon blieb noch ein Teil auf dem Mond zurück. 4,6 t war die Masse der Aufstiegsstufe für den Rückflug zur Erde. Welche Schubkraft mußte sie beim Start auf dem Mond mindestens entwickeln?

3. 1971 stand den amerikanischen Astronauten zum ersten Mal ein Mondauto zur Verfügung (Abb. 67.1). Das Mondauto hatte die Masse $m = 240$ kg. War es den Astronauten **a** auf der Erde, **b** auf dem Mond möglich, das Auto etwas hochzuheben? Begründung!

67.1 Das Mondauto bei der Mondlandung von Apollo 15 (1971)

Die Balkenwaage. Neben Federwaagen verwendet man im täglichen Leben häufig Balkenwaagen. Aus dem Hebelgesetz folgt, daß eine Balkenwaage mit gleich langen Armen im Gleichgewicht ist, wenn auf beide Waagschalen die gleiche Gewichtskraft wirkt.

Stelle dir vor, auf einer Balkenwaage hält ein Körper der Masse $m = 0{,}1$ kg einem anderen das Gleichgewicht: Jeder der beiden drückt also mit dem Gewicht $G = 1$ N auf seine Waagschale.

Wie verhielte sich die Balkenwaage, wenn sie auf den Mond gebracht würde? Auf dem Mond hat jeder Körper nur noch das Gewicht $\frac{1}{6}$ N. Beide Gewichte haben abgenommen, aber jeweils um den gleichen Faktor. Die Balkenwaage bliebe also im Gleichgewicht (Abb. 67.2).

Mit der Balkenwaage kann man also an jedem Ort, wo Körper schwer sind, einen Gewichtsvergleich durchführen. Bei Gleichgewicht gilt:

$$G_{links} = G_{rechts} \Leftrightarrow m_{links} \cdot g = m_{rechts} \cdot g$$

$$\Rightarrow m_{links} = m_{rechts} \quad \text{(falls } g \neq 0 \, \frac{N}{kg}\text{)}$$

Die Balkenwaage eignet sich also auch zum Massenvergleich. Zur Messung einer unbekannten Masse benötigen wir noch für die andere Seite der Balkenwaage eine geeignete Zusammenstellung von Körpern bekannter Masse, einen „Wägesatz".

> Mit einer Balkenwaage und einem Wägesatz kann überall, wo eine Gewichtskraft spürbar ist, die Masse eines Körpers gemessen werden.

V Mit einer Balkenwaage und einem Wägesatz bestimmen wir die Masse eines Liters ($= 1$ dm³) Wasser zu 1 kg.

Merke:

> 1 Liter Wasser hat die Masse 1 kg, 1 cm³ Wasser die Masse 1 g.

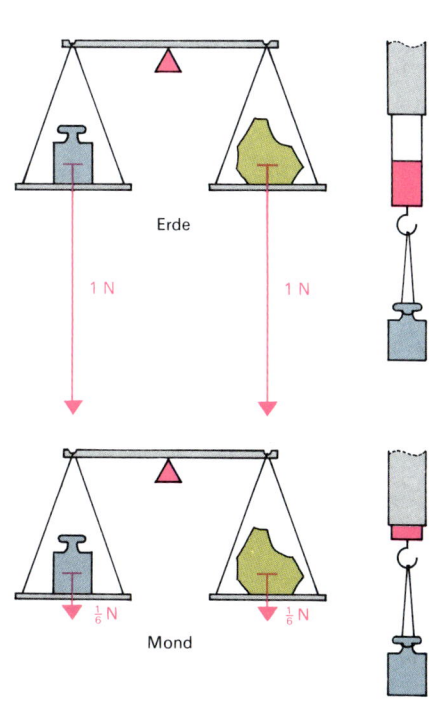

67.2 Gleichgewicht der Balkenwaage beim Wechsel des Orts

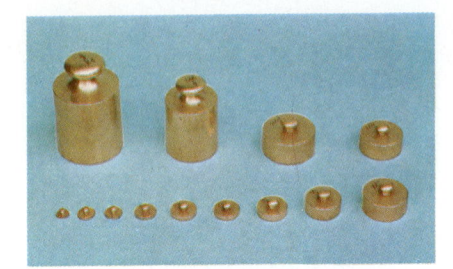

68.1 Geeichter Wägesatz, bestehend aus Stücken von 1 g, 2 g (2 Stücke), 5 g, 10 g (2 Stücke), 20 g, 50 g, 100 g (2 Stücke), 200 g, 500 g und 1000 g

68.2 Federwaage für die Küche

Stoff	Dichte in $\frac{g}{cm^3}$
Wasser	1
Aluminium	2,7
Zink	7,1
Eisen	7,8
Messing	8,3
Kupfer	8,9
Silber	10,5
Blei	11,3
Gold	19,3
Styropor	0,015
Kork	0,15
Fichtenholz	0,5
Eichenholz	0,9
Sand (geschüttet)	1,5
Beton	2,1
Glas	2,5
Granit	2,8
Alkohol	0,8
Quecksilber	13,6

68.3 Interessante Dichtewerte

Aufgaben

1. Abb. 68.1 zeigt einen vollständigen Wägesatz.
   a Mit welchen Stücken kann man 715 g zusammenstellen?
   b Welchen Meßbereich und welche Meßgenauigkeit hat man mit diesem Wägesatz?

2. Am Nordpol und am Äquator wird Reis abgewogen.
   a Wo erhält man mehr Reiskörner, wenn man mit einer Balkenwaage und einem Wägesatz jeweils 1,000 kg abwiegt? Begründung!
   b Wo erhält man mehr Reiskörner, wenn man mit einer Federwaage jeweils Reis mit dem Gewicht 9,83 N abwiegt? Begründung!

3. Ein Astronaut findet auf dem Mond einen Stein. Er hängt ihn an einen Kraftmesser und liest 2,4 N ab. Außerdem steht ihm eine Balkenwaage und ein Wägesatz zur Verfügung.
   a Er legt auf dem Mond den Stein auf die eine Waagschale der Balkenwaage. Welche Masse muß er in die andere Waagschale legen, damit Gleichgewicht herrscht?
   b Während des Flugs vom Mond zur Erde hängt er den Stein in der frei fallenden Raumkapsel an den Kraftmesser. Außerdem versucht er, auf der Balkenwaage Gleichgewicht herzustellen. Was stellt er jeweils fest?
   c Er führt die Versuche von **b** auf der Erde durch. Welche Meßergebnisse erhält er jetzt?

4. Viele im Haushalt verwendete Waagen sind Federwaagen (Abb. 68.2).
   a In welcher Einheit sind sie geeicht? Ist das korrekt?
   b Wären sie auf dem Mond auch verwendbar? Begründung!

5.3. Die Dichte

Dichte als Stoffeigenschaft. Archimedes erhielt eine interessante Aufgabe: Sein König hatte sich eine Krone anfertigen lassen. Aber dieser vermutete, daß der Goldschmied einen Teil des übergebenen Goldes durch Kupfer ersetzt hatte. Archimedes sollte, ohne die Krone zu zerstören, herausfinden, ob sie aus reinem Gold besteht. Archimedes wußte, daß „der Stoff Kupfer leichter als Gold" ist. Was bedeutet das? Eine Kupferkanne zum Beispiel ist doch schwerer als eine kleine Goldmünze. Hinter der Sprechweise „Kupfer ist leichter als Gold" verbirgt sich der Vergleich des Gewichts zweier Körper aus Kupfer und Gold von *gleichem Volumen*, und am gleichen Ort.

1 cm³ Kupfer ist auf der Erde schwerer als 1 cm³ Gold auf dem Mond. Das Gewicht hängt vom Ort ab. Also vergleicht man die ortsunabhängige Eigenschaft, die das Gewicht mitbestimmt, nämlich die Masse. Um herauszufinden, welche Masse 1 cm³ der Krone hat, durfte Archimedes keinen Kubikzentimeterwürfel herausschneiden. Wenn die Krone durch und durch aus dem gleichen Material besteht (*homogen**ist), läßt sich die Aufgabe einfach lösen: Dividiert man die Masse m in g durch das Volumen V in cm³, ergibt sich, wieviel Gramm Material auf 1 cm³ der Krone entfallen. Man definiert deshalb die stoff- oder materialkennzeichnende Größe ρ*:

> Der Quotient aus der Masse m und dem Volumen V eines homogenen Körpers heißt Dichte ρ.
>
> $$\text{Dichte} = \frac{\text{Masse}}{\text{Volumen}} \quad \text{oder kurz:} \quad \rho = \frac{m}{V}$$

Die Dichte ist eine abgeleitete Größe. Für ihre Einheit folgt: $[\rho] = [m] : [V]$.
Da 1 cm³ Wasser die Masse 1 g hat, beträgt z. B. die Dichte des Wassers:

$$\rho_{\text{Wasser}} = \frac{m}{V} = \frac{1\text{ g}}{1\text{ cm}^3} = 1\ \frac{\text{g}}{\text{cm}^3}$$

Häufig benutzt man folgende vorteilhaften Zusammenstellungen von Massen- und Volumeneinheiten für $[\rho]$:

$$[\rho] = 1\ \frac{\text{g}}{\text{cm}^3} = 1 \cdot \frac{1000\text{ g}}{1000\text{ cm}^3} = 1\ \frac{\text{kg}}{\text{dm}^3} = 1 \cdot \frac{1000\text{ kg}}{1000\text{ dm}^3} = 1\ \frac{\text{t}}{\text{m}^3}.$$

V Wir messen mit einer empfindlichen Balkenwaage die Masse von Würfeln der Kantenlänge 1 cm ("Einheitswürfel") aus verschiedenen Stoffen (Tab. 68.3).

Für Kupfer ergibt sich $\rho_{\text{Cu}} = 8{,}9$ g/cm³, für Gold $\rho_{\text{Go}} = 19{,}3$ g/cm³. Die Aussage „Kupfer ist leichter als Gold" muß also genauer lauten: „Kupfer hat eine kleinere Dichte als Gold".

$\rho_{\text{Cu}} = 8{,}9$ g/cm³ bedeutet: 1 cm³ Kupfer hat die Masse 8,9 g, n cm³ haben die Masse $n \cdot 8{,}9$ g. Oder: Am gleichen Ort ist ein Körper aus Kupfer 8,9mal so schwer wie eine Wassermenge gleichen Volumens.
Die „Dichte" ρ gibt an, wie „dicht" die Materie eines Stoffes gepackt ist.

Stoffbestimmung. Wir stellen uns eine entsprechende Aufgabe wie Archimedes: Besteht ein uns vorliegendes rotbraunes, unregelmäßig geformtes Metallstück aus reinem Kupfer?

V Mit einer Balkenwaage bestimmen wir seine Masse zu $m = 400$ g.

Wie können wir das Volumen ermitteln? Archimedes fand die Lösung, als er sich in seine Badewanne setzte und dabei das Wasser anstieg.

V Tauchen wir das Metallstück in einen weiten, teilweise mit Wasser gefüllten Meßzylinder vollständig ein, können wir ablesen, um wieviel cm³ das Wasser steigt: Diese Zunahme ist gleich dem Volumen des Metallstücks. Da die Ablesung hier nicht auf 1 cm³ genau gelingt, verbessern wir das Verfahren: Wir tauchen das Metallstück in ein Überlaufgefäß und fangen das herauslaufende Wasser auf (Abb. 69.1). Es ergibt sich $V = 48$ cm³ und somit $\rho = 400$ g/48 cm³ = 8,3 g/cm³.

Aus Tab. 68.3 entnehmen wir: Das Metallstück könnte aus Messing bestehen. Messing ist eine Legierung (Mischung) aus Kupfer und Zink. Allerdings wäre $\rho = 8{,}9$ g/cm³ nur ein Indiz für Kupfer gewesen. Sicherheit brächte erst eine chemische Untersuchung. Auch Archimedes fand, daß die Dichte des Materials der Krone kleiner als die Dichte von Gold war. Die Krone bestand also nicht aus reinem Gold.

Weitere Dichte-Messungen. Wir bestimmen noch einige Dichtewerte.

V Dichte von Alkohol: Auf der einen Seite einer Balkenwaage steht ein leerer Meßzylinder. Um wieder Gleichgewicht herzustellen, um – wie man sagt – die Balkenwaage wieder auszutarieren, stellen wir auf die andere Seite einen gleichen Meßzylinder. Wir gießen nun in den einen bis zur 100-cm³-Marke Alkohol. Legen wir auf die andere Waagschale Wägestücke zu 79 g, herrscht wieder Gleichgewicht (Abb. 69.2). Also: $\rho_A = 79$ g/100 cm³ = 0,79 g/cm³

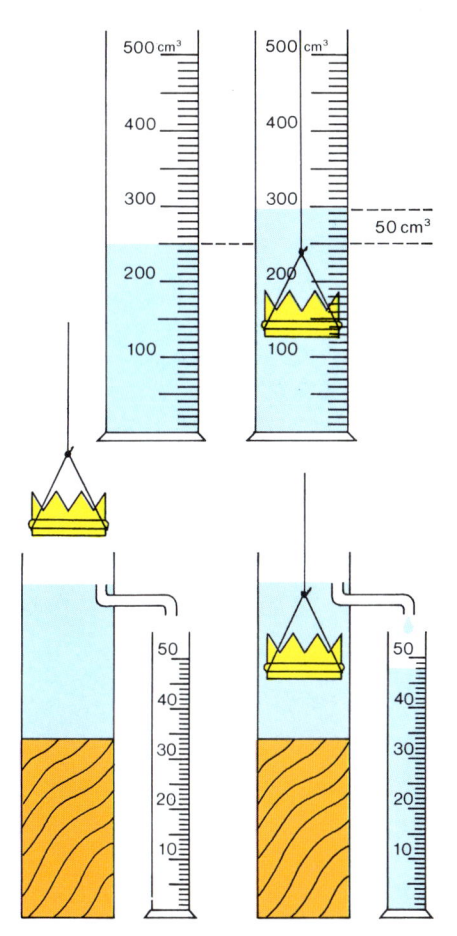

69.1 Messung des Volumens eines unregelmäßig geformten Körpers

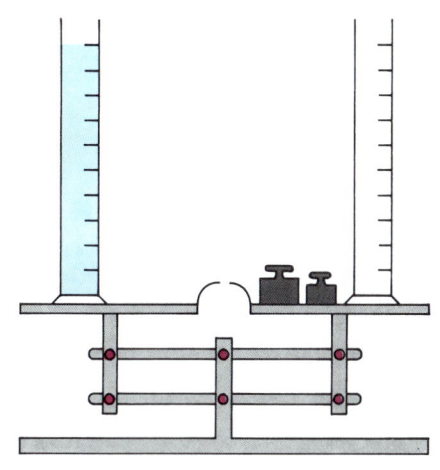

69.2 Messung der Masse von 100 cm³ Alkohol

▽ Dichte von Sand: Ein Meßzylinder wird auf der Balkenwaage austariert und bis zur 100-cm³-Marke mit Sand gefüllt. Legen wir auf die andere Waagschale Wägestücke zu 150 g, herrscht wieder Gleichgewicht. Also: ρ_S = 150 g/100 cm³ = 1,5 g/cm³.

Gase haben kein festes Volumen. Preßt man z. B. eine eingeschlossene Gasmenge so zusammen, daß sich ihr Volumen halbiert, verdoppelt sich die Dichte. Die Dichte eines Gases hängt also davon ab, wie stark es „zusammengedrückt" ist.

▽ Dichte der Luft bei gewöhnlichen Bedingungen: Auf einer sehr empfindlichen Balkenwaage wird ein mit Luft gefüllter und mit einem Hahn verschließbarer Glasbehälter austariert. Dann pressen wir mit einer Glasspritze 100 cm³ Luft zusätzlich hinein. Die Masse nimmt dabei um 120 mg zu. Also: ρ_L = 0,12 g/0,1 dm³ = 1,2 g/dm³.

Musteraufgabe

Wissen wir, aus welchem Stoff ein Körper besteht, können wir mit Hilfe von ρ bei bekannter Masse m das Volumen V (bzw. bei bekanntem Volumen V die Masse m) des Körpers berechnen.

Mit einem Lastwagen der Nutzlast 3,0 t wird Sand transportiert. Wieviel m³ Sand darf höchstens geladen werden?

Lösung: Gegeben: m = 3,0 t, ρ_S = 1,5 $\frac{g}{cm^3}$ = 1,5 $\frac{t}{m^3}$ Gesucht: V

$$\rho = \frac{m}{V} \Rightarrow V = \frac{m}{\rho} = \frac{3,0 \text{ t}}{1,5 \text{ t/m}^3} = 2,0 \text{ m}^3$$

Auf den Lastwagen darf man höchstens 2,0 m³ Sand laden.

Aufgaben

1. Bestimme zu Hause mit der Küchenwaage die Masse eures leeren Küchenmeßbechers.
   a Fülle ihn bis zur 500-cm³-Marke mit Salz und bestimme erneut die Masse. Berechne ρ_{Salz}!
   b Führe den Versuch mit Mehl durch und berechne ρ_{Mehl}!
   c Wie kann man mit Hilfe der Eichmarken auf dem Meßbecher ohne einen Versuch ρ_{Mehl} berechnen? Führe das aus und vergleiche mit dem in **b** gemessenen Wert!

2. Fülle den Küchenmeßbecher bis zur 250-cm³-Marke mit Wasser. Lege so viele Eier hinein, daß der Volumenzuwachs gut ablesbar wird. Die Eier müssen dabei völlig mit Wasser bedeckt sein. Bestimme die Masse der Eier und berechne ρ_{Ei}!

3. Ein Eisenträger mit der Grundfläche 50 cm² ist 4,0 m lang.
   a Berechne seine Masse!   **b** Wie schwer ist er auf der Erde?

4. Eine Schaufensterscheibe ist 4,0 m lang, 2,5 m hoch, 10 mm dick.
   a Berechne ihre Masse und ihr Gewicht auf der Erde!
   b Welches Gewicht hätte sie auf dem Mond?

5. Auf einem Güterwagen sind als Tragfähigkeit 20 t angegeben.
   a Wie viele m³ Sand darf man höchstens aufladen?
   b Dürfte man auf dem Mond mehr aufladen? Begründung!

6. Kann man 1 m³ a) Kork, b) Styropor hochheben? Begründung!

7. Ein Aluminiumkörper wiegt auf dem Mond 48 N. Berechne sein Volumen!

8. In eine luftgefüllte Glaskugel wird mit einer Glasspritze 100 cm³ Kohlendioxid hineingepreßt. Die Masse nimmt dabei um 200 mg zu. Berechne die Dichte von Kohlendioxid!

9. Berechne die Masse der Luft in einem Zimmer mit der Länge 5,0 m, der Breite 4,0 m und der Höhe 2,5 m!

10. Auf einem Tankstellendach von 10 m Länge und 6 m Breite liegt eine 20 cm hohe Schneeschicht (Dichte: 0,2 g/cm³).
    a Berechne das Gewicht der Schneelast?
    b Wieviel Liter Wasser liefert der Schnee beim Schmelzen?

6. Der Druck in Flüssigkeiten und Gasen

72.1 Trommelbremse (Bremstrommel abgenommen)

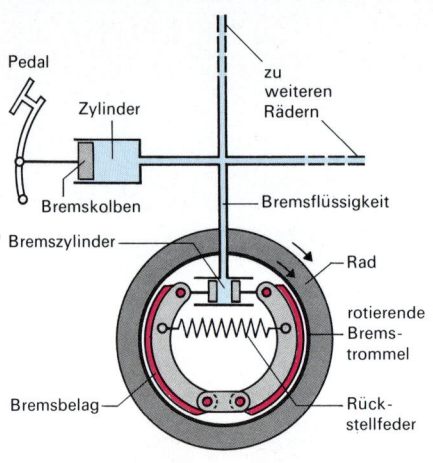

72.2 Schema der Trommelbremse

72.3 Scheibenbremse

6.1. Der Stempeldruck

Kraftübertragung durch Flüssigkeiten und Gase. Es ist häufig unzweckmäßig, die Kraft an der Stelle auszuüben, wo man sie benötigt. Zieht man z. B. die Handbremse eines Fahrrades, so überträgt ein Stahlseil in einem biegsamen Rohr die Kraft auf den Bremsbelag, der gegen die Felge des Rades gedrückt wird. Die so erzeugte Reibungskraft bremst das Fahrrad. Beim Auto dagegen wirkt das Pedal der Fußbremse über einen Kolben auf eine Flüssigkeit ein, die in einer Rohrleitung zur Bremsvorrichtung am Rad führt. Tritt man mit dem Fuß auf das Pedal, so werden die Bremsbeläge gegen eine mit dem Rad umlaufende Trommel (Abb. 72.1, 72.2) oder Scheibe (Abb. 72.3) gepreßt. Offensichtlich eignen sich auch Flüssigkeiten zum Übertragen von Kräften.

Bei den Zügen der Bahn werden die Bremsen aller Wagen vom Führerstand der Lokomotive aus betätigt. Bremsleitungen mit einer Flüssigkeit wären für das An- und Abkuppeln der Wagen sehr unpraktisch. Man benützt deshalb zur Kraftübertragung Luft. Drückt man z. B. auf den Stempel einer Luftpumpe und hält dabei die Öffnung zu, so spürt man deutlich, daß sich die Luft zwar zusammendrücken läßt, aber auch Kraft überträgt. Zur Untersuchung der Kraftübertragung durch Flüssigkeiten und Gase bauen wir ein Modell für den entscheidenden Teil der Bremsanlage auf.

V Zwei Glasspritzen werden mit einer Flüssigkeit gefüllt und durch einen Schlauch verbunden (Abb. 72.4). Der 1. Stempel mit der Fläche $A_1 = 2$ cm² wird mit $F_1 = 2$ N belastet. Um Gleichgewicht herzustellen, genügt auf dem 2. Stempel mit der Fläche $A_2 = 6$ cm² die Kraft 2 N nicht. Da der Stempel dicht abschließt, tritt eine hohe Haftkraft zwischen Stempel und Zylinder auf. Um diese zu vermindern, versetzen wir den Stempel in eine leichte Drehbewegung. Dann erkennen wir, daß die Kraft $F_2 = 6$ N auf dem 2. Stempel dem 1. das Gleichgewicht hält. Belastet man den Stempel mit $F_1 = 1$ N, dann sind auf dem 2. Stempel $F_2 = 3$ N erforderlich.

V Wir ersetzen im letzten Versuch die Flüssigkeit durch Luft. Die Luft drückt sich zwar etwas zusammen, aber im Gleichgewicht wirkt auf die dreifache Fläche wieder die dreifache Kraft.

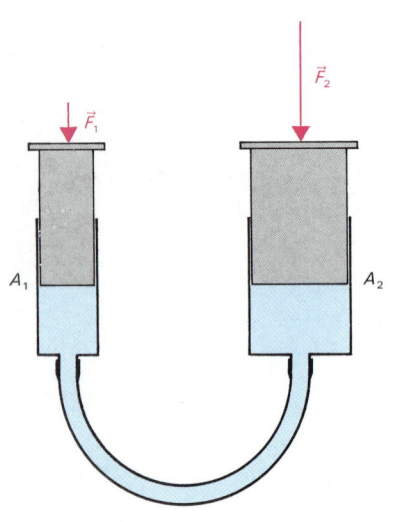

72.4 Kraftübertragung durch Flüssigkeiten und Gase

Ausführliche Meßreihen ergeben, daß für die Stempel im Gleichgewicht stets $F_1/A_1 = F_2/A_2$ ist. Wir folgern:

> Die durch Flüssigkeiten und Gase auf einen Stempel übertragene Kraft F ist zur Stempelfläche A direkt proportional: $F \sim A$.

Der Druck. Wie wird eine Kraft in einer Flüssigkeit oder in einem Gas von einem Ort zu einem anderen übertragen? Im Gegensatz zum festen Körper sind die Teilchen von Flüssigkeiten und Gasen nicht ortsgebunden, sondern leicht gegeneinander verschiebbar. Flüssigkeiten lassen sich nicht zusammendrücken; wir stellen uns vor, daß sich ihre Teilchen berühren.

V Eine Spritzkugel wird mit Wasser gefüllt (Abb. 73.1). Übt man vorsichtig auf den Stempel eine Kraft aus, so spritzt durch die kleinen Öffnungen senkrecht zur Kugeloberfläche das Wasser in alle Richtungen gleich weit. Auf jeden Quadratzentimeter der Kugelwände wirken offenbar gleich große Kräfte. Aus der Spritzrichtung entnehmen wir, daß die Kräfte senkrecht zu den Wänden gerichtet sind.

Die Kraftübertragung durch eine Flüssigkeit können wir uns wie folgt vorstellen: Auf die Teilchen am Stempel wird eine Kraft ausgeübt. Da sie leicht verschiebbar sind, leiten sie die Kraft zu allen benachbarten Teilchen weiter; diese übertragen die Kräfte wiederum auf ihre Nachbarn und so fort, bis zu den Teilchen an den Wänden. Diese üben senkrecht auf die Wände Kräfte aus. Die Kraft auf eine Begrenzungsfläche ist proportional zur Anzahl der Teilchen, die auf die Wand drücken, also zum Inhalt der Fläche (Abb. 73.2).

In der Flüssigkeit und im Gas herrscht ein Zustand, der bewirkt, daß Kräfte auf Begrenzungsflächen ausgeübt werden. Man bezeichnet diesen Zustand als *Druck*. Da man Kräfte nach ihrer Ursache benennt, erzeugt der Druck *Druckkräfte*. Liegt ein bestimmter Druckzustand vor, so gilt für die Kräfte auf beliebig liegende Begrenzungsflächen: $F_1/A_1 = F_2/A_2 = F_3/A_3 = \ldots =$ konstant (Abb. 73.3). Das heißt: Der Quotient F/A hat überall den gleichen Wert und ist somit kennzeichnend für den Druckzustand. Deshalb definiert man:

> Wirkt auf die Begrenzungsfläche A einer Flüssigkeit oder eines Gases die Kraft F, so heißt der Quotient $\dfrac{F}{A}$ Druck p^*: $\quad p = \dfrac{F}{A}$

Der Druck, den ein belasteter Stempel in einer Flüssigkeit oder einem Gas hervorruft, heißt *Stempeldruck*. Wir können unser Ergebnis nun auch so formulieren:

> Der Stempeldruck ist an jeder Stelle einer Flüssigkeit oder eines Gases gleich groß.

Die Druckeinheit ergibt sich aus $[p] = [F] : [A]$ zu $1\ \text{N/m}^2$. Sie wird mit 1 Pascal (1 Pa) abgekürzt und erhielt ihren Namen nach dem französischen Philosophen und Physiker Blaise Pascal (1623 bis 1662). Da 1 Pa eine sehr kleine Einheit ist, benützt man häufig die Einheit 1 bar*:

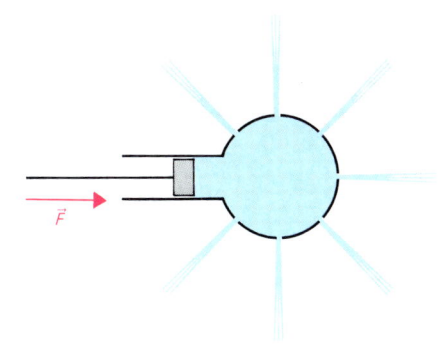

$$1\ \text{bar} = 10\ \frac{\text{N}}{\text{cm}^2} = 10^5\ \text{Pa}$$

73.1 Spritzkugel

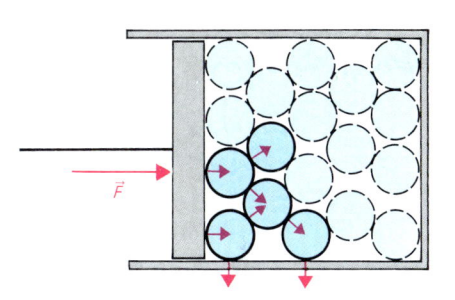

73.2 Vorstellung von der Kraftübertragung in Flüssigkeiten

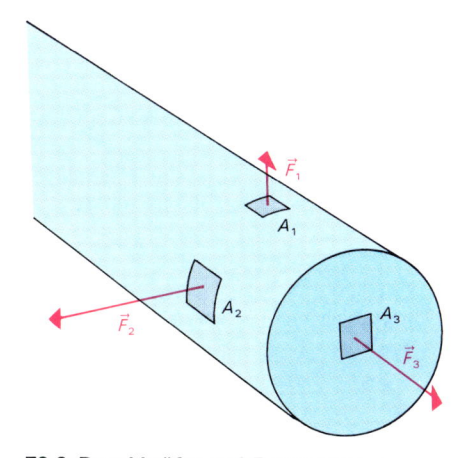

73.3 Druckkräfte auf Begrenzungsflächen

Technische Anwendungen. Mit Hilfe von Flüssigkeiten oder Gasen läßt sich bei geeigneter Wahl der Stempelflächen mit einer kleinen Kraft eine große hervorrufen. Man macht davon in der hydraulischen Presse zum Formen von Karosserieteilen, Geldstücken und anderen Werkstücken Gebrauch (Abb. 74.1 oben). Auch die Hebebühne zum Heben von Kraftfahrzeugen in Tankstellen und Werkstätten beruht auf dem gleichen Verfahren (Abb. 74.2 oben).

Abb. 74.1 (unten) zeigt das Prinzip einer hydraulischen Presse: Da die Fläche des Pumpkolbens klein gegenüber der des Preßkolbens ist, wird beim einmaligen Senken des Pumpkolbens nur wenig Flüssigkeit in den rechten Zylinder gedrückt. Der Preßkolben hebt sich nur wenig. Deshalb sorgen zwei Ventile V_1 und V_2 und ein Flüssigkeitsreservoir dafür, daß bei der Abwärtsbewegung des Pumpkolbens der Preßkolben gehoben wird, er bei der Aufwärtsbewegung aber seine Stellung beibehält.

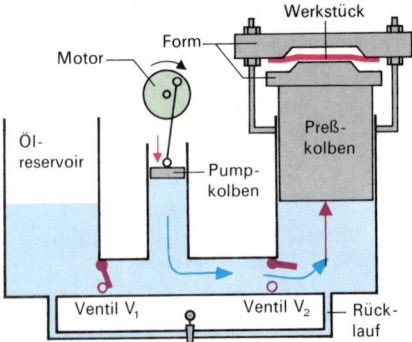

74.1 Hydraulische Presse

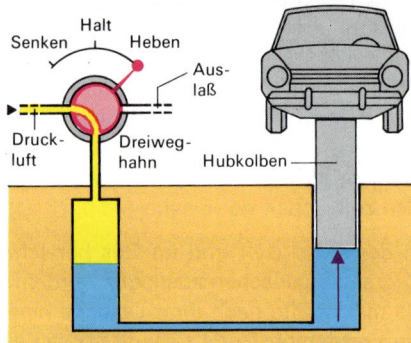

74.2 Hydraulische Hebebühne

Aufgaben

1. Welche Vorteile besitzt eine Flüssigkeits- oder Druckluftbremse gegenüber einer Bremse mit Seil? Welche Nachteile weist sie auf?

2. **a** In der Umgangssprache versteht man unter „Druck" oft eine Kraft, die einen Körper zusammendrückt. Nenne dazu Beispiele!
   b Warum ist die Größe F/A für Ski auf Schnee oder für ein Raupenfahrzeug auf einem Gelände in unserem Sinn kein Druck?

3. Eine Fliege der Masse $m = 0{,}05$ g sitzt auf einem Stempel der Fläche $A = 1$ cm². Welchen Stempeldruck in Pa ruft sie hervor?

4. In der Wetterkunde benutzt man die Einheit 1 Hektopascal (1 hPa = 100 Pa) statt der Einheit 1 Millibar (1 mbar = $\frac{1}{1000}$ bar). Wieviel hPa ist 1 mbar, wieviel hPa ist 1 cN/cm²?

5. Auf einem Stempel mit der Fläche $A = 1$ cm² steht ein Körper der Masse 1 kg bzw. 1 g. Berechne den Stempeldruck in bar bzw. mbar!

6. Der Wasserdruck betrage 4,0 bar. Mit welcher Kraft muß man eine Wasserleitung der Querschnittsfläche $A = 1{,}5$ cm² mit der Hand zuhalten?

7. **a** Der Pumpkolben einer hydraulischen Presse hat die Fläche $A_1 = 10$ cm², der Preßkolben $A_2 = 200$ cm². Welche Kraft wirkt auf den Preßkolben, wenn man den Pumpkolben mit 300 N herunterdrückt?
   b Der Pumpkolben senkt sich dabei um 40 cm. Um wieviel hebt sich der Preßkolben?

8. Der Hubkolben einer Hebebühne hat die Fläche $A = 400$ cm². Welchen Druck muß die Druckluft mindestens besitzen, damit ein Auto der Masse 1,0 t gehoben werden kann?

9. Welche Fläche müßte der Hubkolben einer Hebebühne mindestens haben, damit man ein Auto der Masse 1,0 t mit dem Wasserdruck 10 bar einer Wasserleitung heben könnte?

6.2. Der Schweredruck

Der Schweredruck in einer Flüssigkeit. Beim Tauchen empfindet man in den Ohren ein Druckgefühl, das mit zunehmender Tiefe stärker wird. Diese Erscheinung ahmen wir in einem Versuch nach:

Die eine Seite einer Metalldose ist mit einer Gummimembran bespannt, die dem Trommelfell des Ohrs entspricht. Drücken wir auf die Membran, versetzen wir die Luft in der Dose in einen Druckzustand. Zum Nachweis ist die Druckdose mit dem einen Schenkel eines U-Rohrs verbunden, in dem sich gefärbtes Wasser befindet. Wir beobachten die Wassersäulen im U-Rohr: Je tiefer wir die Dose ins Wasser eintauchen, desto größer wird der Höhenunterschied der Wassersäulen, also die Kraft, die auf die Membran wirkt. Bringen wir – bei gleichbleibender Tauchtiefe – die Druckdose in verschiedene Stellungen, so ist der Höhenunterschied h der Wassersäulen im U-Rohr immer gleich: In jeder Stellung tritt eine Kraft des gleichen Betrags auf die Membran auf. Diese Allseitigkeit der Kraftwirkung ist ein wesentliches Merkmal eines Druckzustandes (Abb. 75.1).

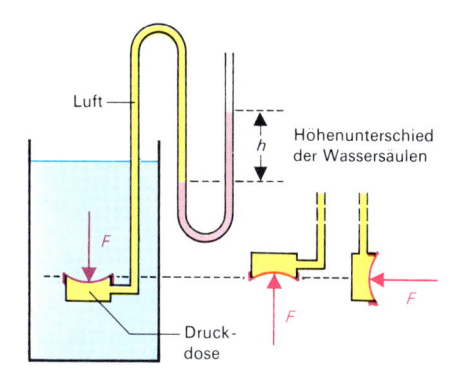

75.1 Grundversuch zum Schweredruck

Wie entsteht der Druck in der Flüssigkeit? In einem zylindrischen Gefäß lastet auf einer zur Grundfläche parallelen Fläche A das Gewicht der darüber befindlichen Flüssigkeitssäule. Diese wirkt wie ein gleich schwerer Stempel auf die Flüssigkeit, die sich unter der Fläche A befindet. Die Schwere der Flüssigkeit ist also die Ursache für den Druckzustand (Abb. 75.2).

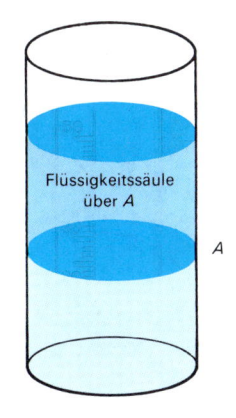

> Der in einer Flüssigkeit aufgrund ihrer eigenen Schwere auftretende Druck heißt *Schweredruck* oder *Gewichtsdruck*.

Abhängigkeit des Schweredrucks von der Tiefe. Wir ziehen aus unserem Versuch weitere Schlüsse: In gleichbleibender Tiefe ist der Betrag der Druckkraft $\vec{F}$, die die Flüssigkeit auf die Membran ausübt, für jede Stellung der Druckdose gleich groß. Für eine dieser Stellungen liegt nahe, was als Kraft anzusetzen ist: Weist die Membran der waagrecht gehaltenen Druckdose nach oben, müßte nach unserer Überlegung F gleich dem Gewicht G der Flüssigkeitssäule über der Membran sein. Wir überprüfen die Vermutung durch einen Versuch.

75.2 Entstehung des Schweredrucks

Ein beiderseits offener Glaszylinder wird unten mit einer dünnen Platte abgedeckt und in ein Gefäß mit Wasser getaucht (Abb. 75.3). Die vom Schweredruck hervorgerufene Druckkraft $\vec{F}$ auf die Platte verhindert das Abfallen. Wir füllen nun vorsichtig in den Zylinder gefärbtes Wasser ein. Wenn der Flüssigkeitsspiegel im Glaszylinder mit dem äußeren übereinstimmt, fällt die Platte ab. In diesem Augenblick sind die Beträge der Gewichtskraft $\vec{G}$ der gefärbten Flüssigkeitssäule und der Druckkraft $\vec{F}$ gleich groß.

Also wirkt auf die Platte eine nach oben gerichtete Kraft, deren Betrag gleich dem Gewicht einer Flüssigkeitssäule über der Platte ist: Die Teilchen aus dem Nachbargebiet, auf denen eine Flüssigkeitssäule lastet, übertragen die Kräfte auch auf die Teilchen unter der Platte. Also:

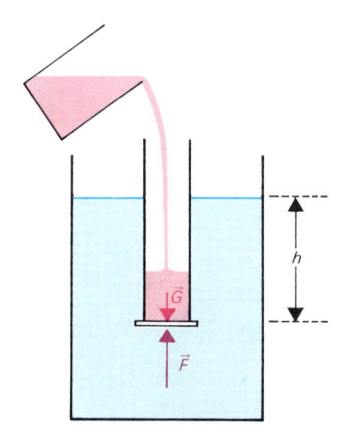

> In einer Flüssigkeit wirkt senkrecht auf eine Begrenzungsfläche A in der Tiefe h eine Kraft, die betragsgleich zum Gewicht einer Flüssigkeitssäule mit der Grundfläche A und der Höhe h ist.

75.3 Versuch zum Betrag der Druckkraft

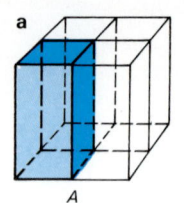

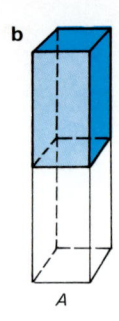

76.1 a) Vervierfachung der Grundfläche, **b)** Verdoppelung der Höhe der Flüssigkeitssäule

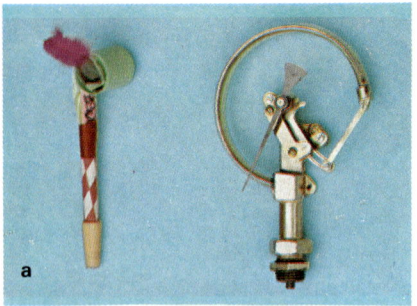

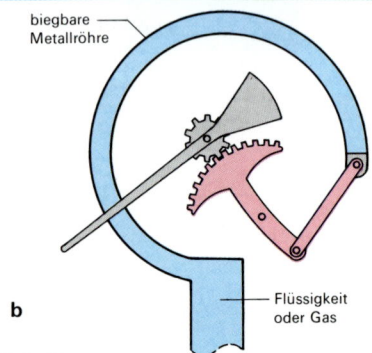

Was folgt aus dem Ergebnis unseres Versuchs (Abb. 75.3)? Ver-*n*-facht man die Grundfläche *A*, so ver-*n*-facht sich auch das Gewicht *G* der zugehörigen Flüssigkeitssäule (Abb. 76.1a). Der Quotient *p* = *G*/*A* ändert sich also nicht: Der Schweredruck ist unabhängig von der Grundfläche *A* der Flüssigkeitssäule. In einer Flüssigkeit herrscht in gleicher Tiefe überall der gleiche Druck. Ver-*n*-facht man die Eintauchtiefe der Grundfläche *A*, ver-*n*-facht sich die Höhe der Flüssigkeitssäule und damit ihr Gewicht; also ver-*n*-facht sich auch der Druck (Abb. 76.1b):

> Der Schweredruck ist zur Tiefe direkt proportional.

Berechnung des Schweredrucks in Wasser. Zur Berechnung des Schweredrucks in 10 m Wassertiefe betrachten wir eine 10 m hohe Wassersäule mit der Grundfläche $A = 1\,\text{cm}^2$. Das Volumen dieser Wassersäule ist

$V = A \cdot h = 1\,\text{cm}^2 \cdot 10\,\text{m} = 1\,\text{cm}^2 \cdot 10 \cdot 100\,\text{cm} = 1000\,\text{cm}^3 = (10\,\text{cm})^3 = 1\,\text{dm}^3.$

$1\,\text{dm}^3$ Wasser hat die Masse 1 kg. Diese Wassermenge wiegt somit auf der Erde ungefähr 10 N. Also: $p = \dfrac{G}{A} = \dfrac{10\,\text{N}}{1\,\text{cm}^2} = 1\,\text{bar}.$

> Eine 10 m hohe Wassersäule erzeugt den Schweredruck 1 bar.

Der Wasserdruck in 10 m Tiefe beträgt 1 bar. Da $p \sim h$ ist, beträgt der Wasserdruck in $n \cdot 10$ m Tiefe n bar.

76.2 Manometer

Aufgaben

1. In der Technik verwendet man anstatt der Druckdose mit U-Rohr häufig eine gekrümmte Röhre als Druckanzeigegerät. Ihre Wirkungsweise läßt sich mit der eines „Papierrüssels" vergleichen (Abb. 76.2a).
   a Wie biegt sich die Röhre, wenn der Druck erhöht wird? Wie wird die Biegung in einen Zeigerausschlag umgewandelt (Abb. 76.2b)?
   b Mit einer Versuchsanordnung entsprechend zu Abb. 72.4 kann man das Anzeigegerät in bar eichen: Wie findet man die Eichmarke zu 1 bar bzw. 2 bar (Stempelfläche $A = 2{,}0\,\text{cm}^2$)? Ein geeichtes Druckanzeigegerät heißt *Manometer**.

2. Das Salzwasser des Toten Meeres hat die Dichte $\rho = 1{,}2\,\text{kg/dm}^3$. Berechne den Schweredruck in 10 m Tiefe!

3. Der Schweizer Tiefseeforscher Jacques Piccard drang 1960 mit einer Taucherkugel im Stillen Ozean bis zu einer Tiefe von ca. 11 000 m vor.
   a Welcher Schweredruck herrscht in dieser Tiefe?
   b Welche Kraft wirkte auf einen Quadratzentimeter der Taucherkugel?

4. **a** Die Grundfläche eines zylindrischen Gefäßes ist *n*-mal so groß wie die eines anderen. Beide werden gleich hoch mit der gleichen Flüssigkeit gefüllt. In welchem Gefäß ist der Druck unmittelbar über dem Boden größer? Begründung!
   b Die beiden Gefäße werden unmittelbar über dem Boden durch ein Rohr verbunden. In welche Richtung fließt die Flüssigkeit in diesem Rohr? Wie stehen die Oberflächen einer Flüssigkeit in zwei verbundenen zylindrischen Gefäßen?
   c Am letzten Ergebnis ändert sich selbst dann nichts, wenn nichtzylindrische Gefäße beteiligt sind (Abb. 76.3). Wo nützt man dieses Verhalten einer Flüssigkeit in verbundenen Gefäßen aus? Beispiele!

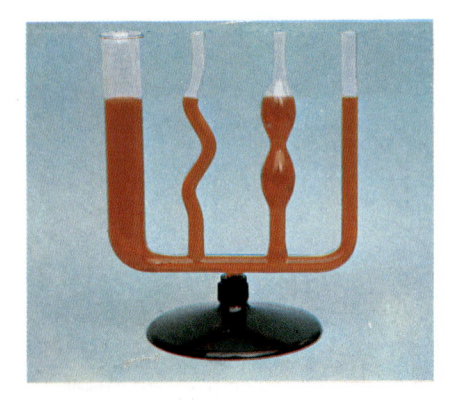

76.3 Verbundene Gefäße

77.1 „Magdeburger Halbkugeln": Der Versuch von Otto von Guericke

77.2 Versuch zur Abschätzung des Luftdrucks

Der Luftdruck. Wir leben am Grund eines Luftmeeres. Das Gewicht der Luft ruft einen Schweredruck, den *Luftdruck*, hervor. Der Magdeburger Bürgermeister und Ingenieur Otto von Guericke demonstrierte Mitte des 17. Jahrhunderts die Größe des Luftdrucks (Abb. 77.1): Zweimal 8 Pferde waren nicht fähig, eine aus zwei Hälften zusammengesetzte, luftleer gepumpte Kugel auseinanderzureißen. Als man aber durch ein Ventil Luft in die Kugel einströmen ließ, fielen die beiden Hälften von selbst auseinander.

Um die Größe des Luftdrucks abzuschätzen, führen wir einen Versuch durch:

V Am Stempel einer Glasspritze mit der Fläche $A = 6\ cm^2$ befestigen wir eine Schnur, an der Wägestücke von je 1 kg aufgereiht werden. Wir schieben mit dem Kolben die gesamte Luft aus der Spritze und schließen das Ventil. Nun heben wir die Spritze langsam an, wobei der Stempel nach unten zeigt. Hängen 5 Wägestücke am Stempel, beginnt er sich leicht zu bewegen. Es dringt Luft ein. Bei 6 Wägestücken läßt er sich herausziehen (Abb. 77.2).

Wir benötigen also eine Kraft von 60 N, um den Stempel gegen die Druckkraft der Luft herauszuziehen. Folglich beträgt der Luftdruck ungefähr

$$p = \frac{F}{A} \approx \frac{60\ N}{6\ cm^2} = 10\ \frac{N}{cm^2} = 1\ bar = 10^5\ Pa = 1000\ hPa$$

Der Luftdruck beträgt auf der Erdoberfläche ungefähr 1 bar = 1000 hPa.

Der Luftdruck ist also ungefähr so groß wie der Wasserdruck in 10 m Tiefe. Mit anderen Worten: Er kann einer Wassersäule von 10 m Höhe das Gleichgewicht halten. Nach dieser Überlegung bestimmte Blaise Pascal schon um 1650 mit der Versuchsanordnung nach Abb. 77.3 den Luftdruck.

Ein empfindliches Luftdruckmeßgerät (*Barometer**) zeigt an, daß der Luftdruck ständig schwankt: auf Meereshöhe zwischen etwa 970 hPa und 1045 hPa; der Mittelwert ist 1013 hPa = 1013 mbar.

Die Gebiete tieferen Luftdrucks heißen *Tiefdruckgebiete* (Tiefs), die höheren Luftdrucks *Hochdruckgebiete* (Hochs). Die Wanderung der Tiefs und Hochs ist von umfangreichen horizontalen und vertikalen Luftbewegungen begleitet. Im Zusammenwirken mit anderen physikalischen Eigenschaften der Luft (z. B. Temperaturabnahme beim Aufsteigen; Fähigkeit bei höherer Temperatur mehr Wasserdampf aufzunehmen) verursachen sie die uns bekannten Wettererscheinungen.

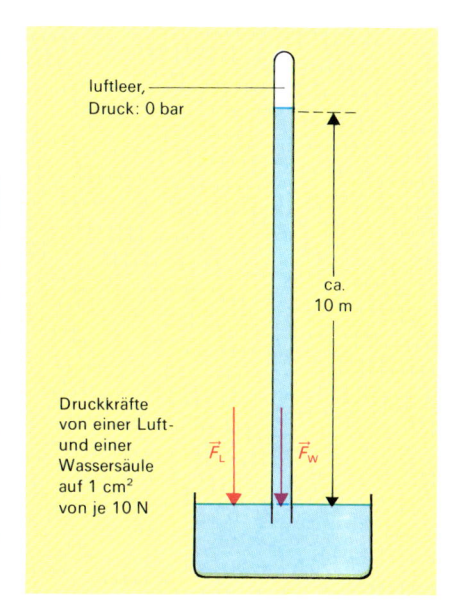

77.3 Das „Wassersäulen-Barometer" von Blaise Pascal

Abhängigkeit des Luftdrucks von der Höhe. Der Luftdruck ist ein Schweredruck. Er wird also um so kleiner, je höher man steigt.

Um wieviel verringert sich der Luftdruck, wenn man 10 m höher steigt? Wir betrachten zur Beantwortung dieser Frage eine Luftsäule – analog zur Wassersäule – mit der Grundfläche $A = 1\,cm^2$ und der Höhe 10 m. Ihr Volumen ist wieder $V = A \cdot h = 1\,cm^2 \cdot 10\,m = 1\,dm^3$. Da die Dichte der Luft $\rho = 1{,}2\,g/dm^3$ beträgt, ist die Masse der Luftsäule 1,2 g und damit ihr Gewicht 1,2 cN. Also:

$$p_\text{Luftsäule} = \frac{G}{A} = \frac{1{,}2\,cN}{1\,cm^2} = 1{,}2\,\frac{cN}{cm^2} = 1{,}2\,mbar = 1{,}2\,hPa.$$

Steigen wir z. B. im Treppenhaus des Schulgebäudes 10 m hoch, müßte der Luftdruck um 1,2 hPa abnehmen. Mit einem empfindlichen Dosenbarometer können wir dies nachprüfen.

Luft läßt sich zusammenpressen. Da über höheren Luftschichten weniger Luft lastet, ist dort die Luft weniger zusammengepreßt als in tieferen Luftschichten. Die Luft wird also nach oben immer „dünner"; ihre Dichte nimmt ab. Folglich wird auch das Gewicht einer 10 Meter hohen Luftsäule der Grundfläche 1 cm² mit zunehmender Höhe immer geringer. Das bedeutet: Der Luftdruck nimmt mit zunehmender Höhe nicht gleichmäßig ab, sondern immer weniger stark. In einer Höhe von 5,5 km ist der Luftdruck auf $\frac{1}{2}$ bar gesunken, in $2 \cdot 5{,}5$ km Höhe nicht etwa auf Null sondern auf $\frac{1}{4}$ bar, in $3 \cdot 5{,}5$ km auf $\frac{1}{8}$ bar.

Die Lufthülle der Erde wird in verschiedene Schichten unterteilt. In der untersten, der Troposphäre*, spielt sich das Wettergeschehen ab. Die Ozonschicht in der Stratosphäre* schützt uns und die Natur vor schädlichen Anteilen der Sonnenstrahlung. Das Luftmeer hat keine scharfe Grenze; es geht allmählich in den leeren Weltraum über (Abb. 78.1).

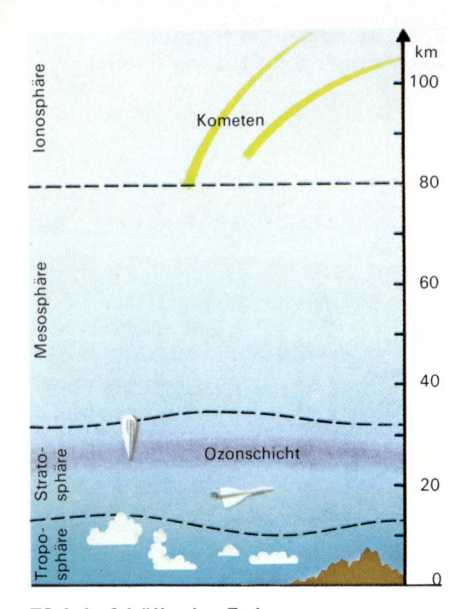

78.1 Lufthülle der Erde

78.2 Wirkung des Luftdrucks

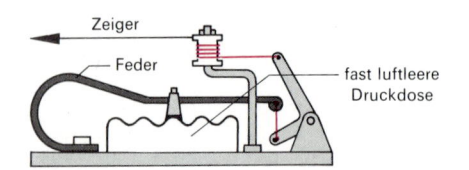

78.3 Aufbau eines Dosenbarometers

H in km	0	5,5	11	16,5	22	27,5
p in bar	1	$\frac{1}{2}$	$\frac{1}{4}$	...	...	...

78.4 Abhängigkeit des Luftdrucks von der Höhe

Aufgaben

1. Nimm ein Glas, und fülle es randvoll mit Wasser. Lege z. B. eine Postkarte über die Öffnung. Halte die Postkarte mit der Hand, und wende das Glas über dem Spülbecken, und entferne nun die Hand vorsichtig von der Postkarte (Abb. 78.2). Beobachte und erkläre!

2. Erkläre die Wirkungsweise des in Abb. 78.3 dargestellten Dosenbarometers!

3. **a** Beim schnellen Abstieg von einem Berg spürt man häufig ein Druckgefühl in den Ohren. Wie kommt es zustande? Was muß man tun, damit es verschwindet?
   b Warum spüren wir den Luftdruck nicht als große Kraftwirkung auf unseren Körper?

4. *Der Gesamtdruck*
   a Die Angabe des Reifendruckes „2 bar" besagt, daß der Druck um 2 bar über dem äußeren Luftdruck liegt (*Überdruck*). Wie groß ist der Gesamtdruck im Autoreifen?
   b Der Schweredruck in einem See setzt sich aus dem Luft- und dem Wasserdruck zusammen. Wie groß ist der Gesamtdruck in 10 m bzw. 20 m Tiefe?

5. **a** Vervollständige die Tab. 78.4 über die Abhängigkeit des Luftdrucks p von der Höhe H!
   b Zeichne ein p–H-Diagramm!   (p-Achse: 1 bar $\triangleq$ 10 cm; H-Achse: 1 km $\triangleq$ 0,5 cm)
   c Entnimm aus dem Diagramm den ungefähren Luftdruck auf der Zugspitze (2963 m), dem Montblanc (4810 m) und dem Mount Everest (8848 m)!
   d Barometer kann man als Höhenmesser eichen. Wie? Stimmt die Anzeige immer?

6.3. Der Auftrieb

Die Auftriebskraft. Körper verhalten sich unter Wasser unterschiedlich: Steine und Metallstücke sinken, Holz- und Korkstücke steigen. Werden Holz- und Korkstücke im Wasser von der Erde abgestoßen? Die Schwerkraft ändert sich wohl nicht. Wir wissen aber: Im Wasser treten Druckkräfte auf. Daher liegt näher anzunehmen, daß diese eine zur Schwerkraft entgegengesetzt gerichtete Kraft hervorrufen.

V Ein Plastilinklumpen zählt zu den Körpern, die im Wasser sinken. Hängen wir ihn an einen Kraftmesser und tauchen ihn in Wasser oder eine andere Flüssigkeit ein, geht die Anzeige des Kraftmessers zurück.

> Auf jeden in eine Flüssigkeit eingetauchten Körper wirkt eine Kraft, die der Gewichtskraft $\vec{G}$ entgegengerichtet ist. Diese Kraft heißt Auftriebskraft $\vec{F}_A$, ihr Betrag Auftrieb F_A.

Taucht der Plastilinklumpen in eine Flüssigkeit ein, zeigt der Kraftmesser den Unterschied F der einander entgegenwirkenden Gewichts- und Auftriebskraft an (Abb. 79.1): $F = G - F_A$. Ist F_A kleiner als G, sinkt der Körper; ist F_A größer als G, steigt er; ist F_A gleich G, schwebt er (Abb. 79.2).

Experimentelle Untersuchung des Auftriebs. Wovon hängt der Auftrieb ab? Von der *Eintauchtiefe*, der *Form* des Körpers, dem *Gewicht* (bzw. der Masse) des Körpers, dem *Volumen* des Körpers, der *Dichte* der Flüssigkeit?

Wir führen dazu einige Experimente durch.

Wie ändert sich der Auftrieb mit zunehmender Eintauchtiefe?

V Wir basteln uns ein Rähmchen aus glattem Holz mit 2,5 cm Breite, 4 cm Länge (Innenmaße!) und 2 cm Höhe. Mit diesem Rähmchen, einer glatten Unterlage und einem Schaber können wir nun einen Plastilinklumpen von genau 20 cm^3 Volumen abmessen (Abb. 79.3). Dieser Klumpen wird mit einem Faden an einen Kraftmesser gehängt. Sein Gewicht ergibt sich zu $G = 31$ cN. Dann tauchen wir den Klumpen vollständig in Wasser ein und messen in drei verschiedenen Tiefen die Resultierende F stets zu 11 cN. F_A ist also immer 20 cN.

1. Ergebnis: Der Auftrieb eines völlig eingetauchten Körpers ist von der Eintauchtiefe unabhängig.

Wir müssen also bei den künftigen Untersuchungen nur darauf achten, daß der Körper vollständig eintaucht. Die Eintauchtiefe wirkt sich dann nicht auf das Meßergebnis aus.

Wie hängt der Auftrieb von der Form des Körpers ab?

V Wir geben dem Plastilinklumpen drei verschiedene Formen und bestimmen jeweils den Auftrieb.

2. Ergebnis: Der Auftrieb ist von der Körperform unabhängig.

Wie hängt der Auftrieb vom Gewicht des Körpers ab?

V Wir stellen einen weiteren Plastilinklumpen mit unserem Rähmchen her, bauen aber ein Metallstück mit ein. Der Körper aus Metall und Plastilin hat das gleiche

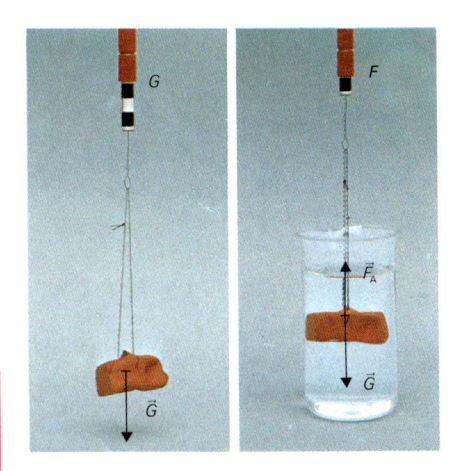

79.1 Auftrieb eines Körpers

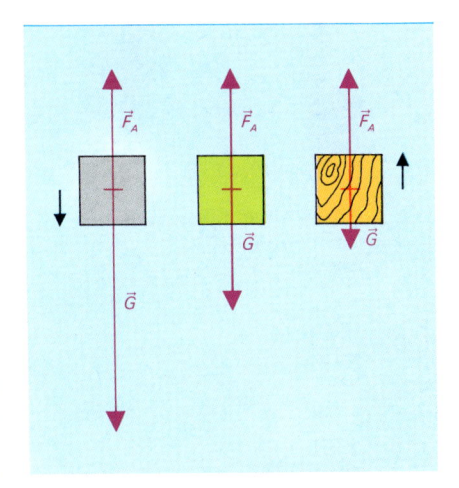

79.2 Gewichts- und Auftriebskraft beim Sinken, Schweben, Steigen

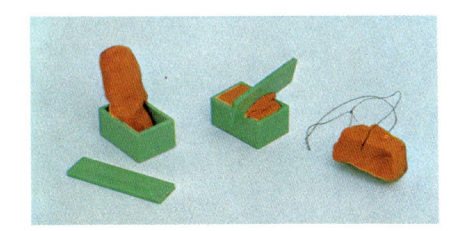

79.3 Herstellung volumengleicher Plastilinklumpen

Körper	G in cN	F in cN	F_A in cN
Plastilin	31	11	20
Metall/Plastilin	61	41	20

80.1 Abhängigkeit des Auftriebs vom Gewicht des Körpers

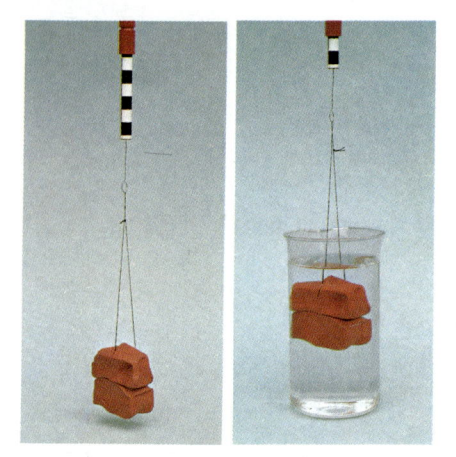

80.2 Auftrieb eines Körpers mit verdoppeltem Volumen

V in cm³	G in cN	F in cN	F_A in cN
20	61	41	20
40	63	23	40
60	94	34	60

80.3 Abhängigkeit des Auftriebs vom Volumen des Körpers

ϱ in $\frac{g}{cm^3}$	G in cN	F in cN	F_A in cN
0,80	31	15	16
1,0	31	11	20
1,2	31	7	24

80.4 Abhängigkeit des Auftriebs von der Dichte der Flüssigkeit

Volumen von 20 cm³, aber ein viel größeres Gewicht als der reine Plastilinklumpen (z. B. 61 cN). Nun wird durch Eintauchen sein Auftrieb bestimmt (Tab. 80.1).

3. Ergebnis: Der Auftrieb ist vom Körpergewicht unabhängig.

Unsere bisherigen Ergebnisse sagen aus: Bei den folgenden Experimenten brauchen wir weder auf die Eintauchtiefe, noch auf Körperformen, noch auf das Gewicht der Körper zu achten.

Wie hängt der Auftrieb vom Volumen des Körpers ab?

V Wir übernehmen zunächst für einen der bisher benützten Körper mit dem Volumen $V = 20$ cm³ den Meßwert für F_A. Dann messen wir mit dem Rähmchen weitere Plastilinportionen mit dem Volumen $V = 20$ cm³ ab. Fügen wir zwei bzw. drei Portionen zusammen, erhalten wir Körper mit dem Volumen 40 cm³ bzw. 60 cm³. Wir bestimmen für jeden Körper den Auftrieb (Abb. 80.2). Aus Tab. 80.3 entnehmen wir: Verdoppelt, verdreifacht sich das Volumen, so verdoppelt, verdreifacht sich der Auftrieb.

4. Ergebnis: Der Auftrieb F_A ist zum Volumen $V_{Kö}$ der Körpers direkt proportional.

Wie hängt der Auftrieb von der Dichte der Flüssigkeit ab?

V Als Körper benutzen wir unseren Plastilinklumpen mit dem Volumen 20 cm³. Neben Wasser bietet sich als Flüssigkeit Spiritus mit der Dichte 0,80 g/cm³ an. Ferner stellen wir aus 400 g Wasser und 200 g Kochsalz eine Lösung her. Da diese im Meßzylinder 500 cm³ einnimmt, ist ihre Dichte $\rho = 1,2$ g/cm³. Wir bestimmen den Auftrieb des Körpers in Spiritus und in Salzwasser. Aus Tab. 80.4 entnehmen wir das

5. Ergebnis: Der Auftrieb F_A ist zur Dichte ρ_{Fl} der Flüssigkeit direkt proportional.

Wir fassen unsere Ergebnisse zusammen und versuchen, daraus eine Formel für F_A zu gewinnen. Der Term für F_A enthält $V_{Kö}$ und ρ_{Fl}. Er muß sich ver-n-fachen, wenn sich entweder $V_{Kö}$ oder ρ_{Fl} ver-n-fachen. Ein Term, der das leistet, ist das Produkt $V_{Kö} \cdot \rho_{Fl}$. Das Körpervolumen multipliziert mit der Flüssigkeitsdichte ist die Masse der Flüssigkeit, die das Körpervolumen einnimmt, also die Masse $m_{verdr.Fl.}$ der verdrängten Flüssigkeit. Das ist aber noch keine Kraft. Multipliziert man eine Masse mit dem Ortsfaktor, ergibt sich ein Gewicht, also eine Kraft. Vermutlich ist $F_A = g \cdot V_{Kö} \cdot \rho_{Fl}$. Wir prüfen am Plastilinklumpen im Wasser nach, ob g tatsächlich als Faktor auftritt:

$$g = \frac{F_A}{V_{Kö} \cdot \rho_{Fl}} = \frac{20 \text{ cN}}{20 \text{ cm}^3 \cdot 1 \frac{g}{cm^3}} = 1 \frac{cN}{g} = 10 \frac{N}{kg}.$$

Also gilt: $F_A = g \cdot V_{Kö} \cdot \rho_{Fl} = g \cdot m_{verdr.Fl.} = G_{verdr.Fl.}$

> Der Auftrieb eines Körpers ist gleich dem Gewicht der von ihm verdrängten Flüssigkeitsmenge: $F_A = G_{verdr.Fl.}$

Theoretische Ableitung des Gesetzes von Archimedes. Wie kommt der Auftrieb zustande? Der Schweredruck in einer Flüssigkeit ruft Kräfte auf die Begrenzungsflächen eines Körpers hervor. Sind diese die Ursache für den Auftrieb? Wenn das der Fall ist, müßte es uns gelingen, allein durch Überlegungen die Formel für den Auftrieb zu erhalten. Wir gehen zunächst von einem einfach geformten

Körper, einem Quader aus (Abb. 81.1). Der Schweredruck ruft auf die Deckfläche die Kraft $\vec{F}_{oben}$ (kurz: $\vec{F}_o$), auf die Grundfläche $\vec{F}_{unten}$ (kurz: $\vec{F}_u$) und außerdem auf die Seitenflächen Kräfte hervor. Da die Seitenflächen gleich tief eintauchen, halten sich die Druckkräfte auf gegenüberliegenden Stücken der Seitenflächen jeweils das Gleichgewicht. Da die Grundfläche tiefer als die Deckfläche eintaucht, ist F_u größer als F_o. Die Kräfte $\vec{F}_o$ und $\vec{F}_u$ wirken einander entgegen. Es bleibt also eine nach oben gerichtete Kraft des Betrages $F_u - F_o$ übrig, die Auftriebskraft F_A: $F_A = F_u - F_o$.

Nun ist F_o gleich dem Gewicht G_o der Flüssigkeitssäule über der Deckfläche und F_u gleich dem Gewicht G_u einer Flüssigkeitssäule über der Grundfläche mit der Eintauchtiefe als Säulenhöhe. Also: $F_A = F_u - F_o = G_u - G_o$.

Der Unterschied ist gerade das Gewicht der Flüssigkeitssäule, die den Platz des Körpers einnehmen würde, folglich das Gewicht der vom Körper verdrängten Flüssigkeitsmenge: $F_A = F_u - F_o = G_u - G_o = G_{verdr.Fl.}$.

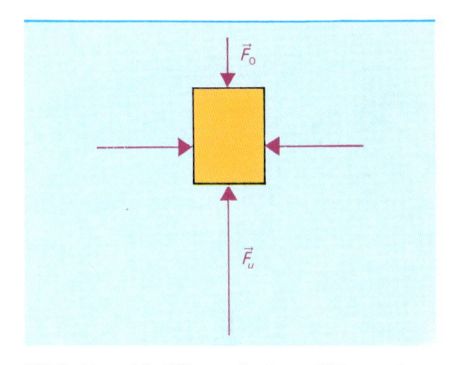

81.1 Druckkräfte auf einen Körper in einer Flüssigkeit

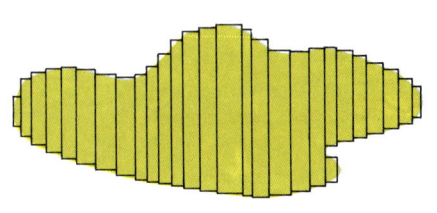

Der Auftrieb eines Quaders ist also gleich dem Gewicht der von ihm verdrängten Flüssigkeitsmenge.

Einen Körper beliebiger Gestalt kann man in Gedanken mit sehr hoher Genauigkeit in quaderförmige Säulen zerlegen (Abb. 81.2). Für jede dieser Säulen ist der Auftrieb gleich dem Gewicht der verdrängten Flüssigkeitsmenge. Also ist der gesamte Auftrieb auch gleich dem Gewicht der gesamten verdrängten Flüssigkeitsmenge. Wir haben diese Erkenntnis aus der Annahme abgeleitet, daß der mit wachsender Tiefe zunehmende Schweredruck die einzige Ursache für den Auftrieb ist. Zur Rechtfertigung dieser Annahme und zur Bestätigung unserer Überlegungen führen wir abschließend noch einen überzeugenden Versuch (Abb. 81.3) durch:

81.2 Zerlegung eines beliebigen Körpers in quaderförmige Säulen

V   Ein Körper K hängt an einem Stativ, das auf einer Waagschale steht. Die Balkenwaage befindet sich im Gleichgewicht. Nun wird das Überlaufgefäß angehoben. Nach dem Eintauchen von K vermindert sich die Belastung der rechten Waagschale um den Auftrieb von K. Die von K verdrängte Flüssigkeit fließt in das Gefäß auf der rechten Waagschale. Es stellt sich wieder Gleichgewicht ein. Also ist der Auftrieb gleich dem Gewicht der verdrängten Flüssigkeitsmenge.

Diese Überlegungen lassen sich auch auf Luft übertragen. Das Ergebnis wird nach dem Entdecker Archimedes benannt, der uns schon beim Hebelgesetz, beim Flaschenzug und bei der Dichtebestimmung begegnet ist.

Gesetz des Archimedes
Der Auftrieb eines Körpers ist gleich dem Gewicht der von ihm verdrängten Flüssigkeits- oder Luftmenge: $F_A = G_{verdr.Fl.}$

Musteraufgabe

Ein Aluminiumkörper vom Volumen $V = 100$ cm³ wiegt 2,7 N. Was zeigt ein Kraftmesser an, wenn der Alukörper vollständig in Wasser eintaucht?

Lösung: Das Volumen der verdrängten Wassermenge ist $V = 100$ cm³, also ihre Masse $m_{verdr.Fl.} = 100$ g. Sie wiegt somit: $G_{verdr.Fl.} = 10 \frac{N}{kg} \cdot 0{,}100$ kg $= 1{,}0$ N.
$\Rightarrow F_A = G_{verdr.Fl.} = 1{,}0$ N $\Rightarrow F = G - F_A = 2{,}7$ N $- 1{,}0$ N $= 1{,}7$ N.

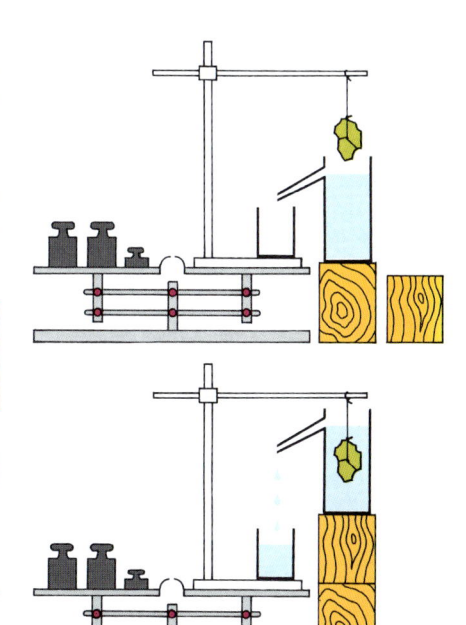

81.3 Experimentelle Bestätigung des Gesetzes von Archimedes

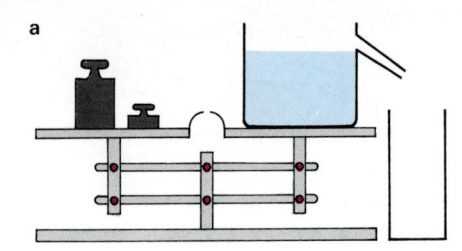

82.1 Experimenteller Vergleich der Kräfte beim Schwimmen

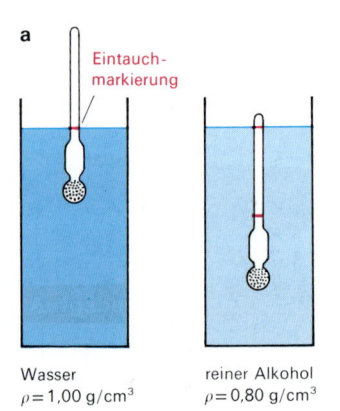

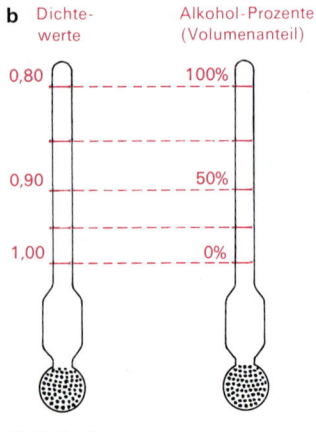

82.2 Aräometer

Schwimmen, Schweben, Sinken.

Ein Körper in einer Flüssigkeit
sinkt, wenn $F_A < G$, schwebt, wenn $F_A = G$, steigt, wenn $F_A > G$ ist.
Nach dem Gesetz des Archimedes ist der Auftrieb F_A gleich dem Gewicht der verdrängten Flüssigkeitsmenge: $F_A = G_{verdr.Fl.} = g \cdot m_{verdr.Fl.} = g \cdot V_{Kö} \cdot \rho_{Fl.}$. Das Körpergewicht ist $G = g \cdot m_{Kö} = g \cdot V_{Kö} \cdot \rho_{Kö}$. Daher entscheiden allein die Dichte der Flüssigkeit und die des Körpers, wie er sich in der Flüssigkeit verhält.

Ein Körper in einer Flüssigkeit
sinkt, wenn $\rho_{Fl} < \rho_{Kö}$, schwebt, wenn $\rho_{Fl} = \rho_{Kö}$, steigt, wenn $\rho_{Fl} > \rho_{Kö}$ ist.

Ein Körper, der steigt, beginnt aufzutauchen. Er verdrängt immer weniger Flüssigkeit. Sein Auftrieb nimmt ab, bis schließlich der verbleibende Auftrieb gleich dem Gewicht des Körper ist. Es herrscht zwischen der verbleibenden Auftriebskraft und der Gewichtskraft Kräftegleichgewicht. Diesen Zustand nennt man *Schwimmen*.

V Auf einer Balkenwaage steht ein gefülltes Überlaufgefäß (Abb. 82.1a). Die Waage ist im Gleichgewicht. Geben wir in das Gefäß einen schwimmenden Körper, so fließt die von ihm verdrängte Flüssigkeit ab. Nach dem Abfließen befindet sich die Waage wieder im Gleichgewicht (Abb. 82.1b).

> Ein Körper schwimmt auf einer Flüssigkeit, wenn seine mittlere Dichte kleiner ist als die Dichte der Flüssigkeit. Beim Schwimmen taucht er so tief ein, daß sein Gewicht gleich dem Gewicht der verdrängten Flüssigkeitsmenge ist.

Aräometer. Je kleiner die Dichte der Flüssigkeit ist, desto mehr Flüssigkeit verdrängt ein schwimmender Körper, desto tiefer taucht er also ein.

Ein *Aräometer** ist ein Schwimmkörper, an dem Marken für die Eintauchtiefe mit den zugehörigen Dichtewerten der Flüssigkeit beschriftet sind. Mit ihm läßt sich die Dichte von Flüssigkeiten bequem bestimmen. Interessiert nicht die Dichte, sondern z. B. der damit verbundene Alkoholgehalt (Fett-, Säuregehalt), beschriftet man die Skala unmittelbar mit dieser Größe (Abb. 82.2).

Musteraufgabe

Ein 1,0 m langes, 20 cm breites und 1,0 cm dickes Brett aus Buchenholz ($\rho_B = 0{,}75$ kg/dm³) schwimmt auf Wasser. Wie tief taucht es ein?

Lösung:
Kräftegleichgewicht beim Schwimmen: $F_A = G_{Kö} \Rightarrow G_{verdr.Fl.} = G_{Kö}$.

Das Holzbrett hat das Volumen $V_{Kö} = l \cdot b \cdot h = 10$ dm $\cdot$ 2,0 dm $\cdot$ 0,10 dm = 2,0 dm³ und damit die Masse $m_{Kö} = \rho_{Kö} \cdot V_{Kö} = 0{,}75$ kg/dm³ $\cdot$ 2,0 dm³ = 1,5 kg. Es wiegt 15 N. Also wiegt die verdrängte Wassermenge auch 15 N. Ihre Masse ist deshalb 1,5 kg und damit ihr Volumen $V = 1{,}5$ dm³. Die Grundfläche des Holzbrettes beträgt $A = l \cdot b = 20$ dm². Die Eintauchtiefe h' ergibt sich aus 20 dm² $\cdot h' = 1{,}5$ dm³ zu $h' = 0{,}075$ dm = 0,75 cm.

Aufgaben

1. An einem Kraftmesser hängt ein Stein mit dem Volumen $V = 200$ cm^3 und dem Gewicht $G = 5{,}2$ N. Wieviel zeigt der Kraftmesser nach dem vollständigen Eintauchen des Steins in Wasser an?

2. Ein Körper vom Volumen $V = 1{,}0$ dm^3 aus
   a Fichtenholz ($\rho_H = 0{,}5$ kg/dm^3),   b Eisen ($\rho_{Ei} = 7{,}8$ kg/dm^3)
   wird vollständig unter Wasser gehalten. Berechne jeweils Gewicht und Auftrieb! Wie verhalten sich die Körper folglich nach dem Loslassen?

3. Der Ballon auf Seite 71 ist mit 600 m^3 Wasserstoff gefüllt. Hülle, Netz, Korb, Ballast und Besatzung haben insgesamt die Masse 625 kg. ($\rho_{Wasserstoff} = 0{,}09$ kg/m^3; $\rho_{Luft} = 1{,}2$ kg/m^3)
   a Berechne sein Gesamtgewicht G!
   b Berechne seinen Auftrieb F_A! Mit welcher Steigkraft hebt er ab?
   c Warum nimmt mit wachsender Höhe seine Steigkraft immer mehr ab?

4. Archimedes soll das Gesetz über den Auftrieb entdeckt haben, als er herausfinden sollte, ob eine Krone seines Königs aus reinem Gold war. Archimedes hängte auf eine Seite einer Balkenwaage die Krone und auf die andere einen gleichschweren Goldklumpen (Abb. 83.1). Dann tauchte er die beiden Körper in ein Gefäß mit Wasser. Welche Seite senkte sich, wenn die Krone teilweise Material mit einer kleineren Dichte (z. B. Kupfer) enthielt?

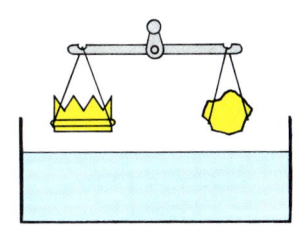

83.1 Versuch des Archimedes

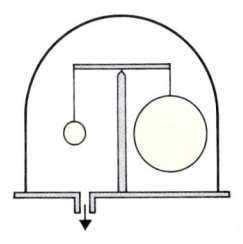

5. An einem Balken einer Balkenwaage halten sich eine große und eine kleine Kugel in Luft das Gleichgewicht (Abb. 83.2). Welche Kugel senkt sich unter einer Glasglocke, wenn man die Luft abpumpt? Begründung!

83.2 Versuch zum Auftrieb in Luft

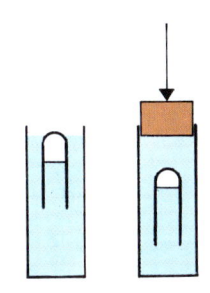

6. Leite ab: Der Auftrieb eines teilweise eingetauchten a Quaders, b beliebigen Körpers ist gleich dem Gewicht der verdrängten Flüssigkeitsmenge.

7. a Ein 4,0 m langes, 25 cm breites und 3,0 cm dickes Eichenbrett ($\rho_E = 0{,}9$ kg/dm^3) schwimmt auf Wasser. Wie tief taucht es ein?
   b Wieviel % seines Volumens ragen aus dem Wasser?
   c Eis hat die Dichte $\rho = 0{,}9$ g/cm^3. Wieviel % eines Eisberges ragen aus dem Wasser?

8. Lege ein Ei in ein Glas mit Wasser. Löse immer mehr Kochsalz auf und beobachte! Erkläre!

9. Der „Cartesische Taucher"*
   In einem oben verschließbaren Glasgefäß schwimmt ein unten offener, teilweise mit Luft gefüllter Glaskörper. Er ragt nur gering über die Oberfläche hinaus (Abb. 83.3).
   Warum ist es möglich, durch eine geeignete Kraft auf den Verschluß ein Sinken, Schweben oder Steigen des Glaskörpers hervorzurufen (Abb. 83.3)?

83.3 Der Cartesische Taucher

10. Ein U-Boot hat Tanks, in die Wasser einströmen bzw. aus denen es durch Preßluft wieder hinausgedrückt werden kann. Wie funktioniert das Tauchen, Schweben und Steigen?

11. a Schiffe sind meistens aus Stahl ($\rho = 7{,}8$ g/cm^3). Warum schwimmen sie trotzdem?
    b Wie ändert sich der Tiefgang eines Schiffs, das von der Elbe in die Nordsee fährt?

12. Die mittlere Dichte des menschlichen Körpers beträgt 1,0 kg/dm^3.
    a Wie ändert sie sich beim Atmen? Warum müssen wir beim Schwimmen trotzdem – auch nach dem Einatmen – noch „Schwimmbewegungen" machen?
    b Warum sind diese im Toten Meer nicht nötig (Abb. 83.4)?

13. a Ein Aräometer besteht aus einem dünnen, an einem Ende etwas erweiterten und mit Blei beschwerten Glasrohr. Erkläre den Sinn dieser Bauweise!
    b Stehen die größeren Dichtewerte oben oder unten an der Skala? Begründung!
    c Wie wirkt sich die Dicke des Skalenrohrs auf die Meßgenauigkeit aus?

83.4 Schwimmer im Toten Meer

83

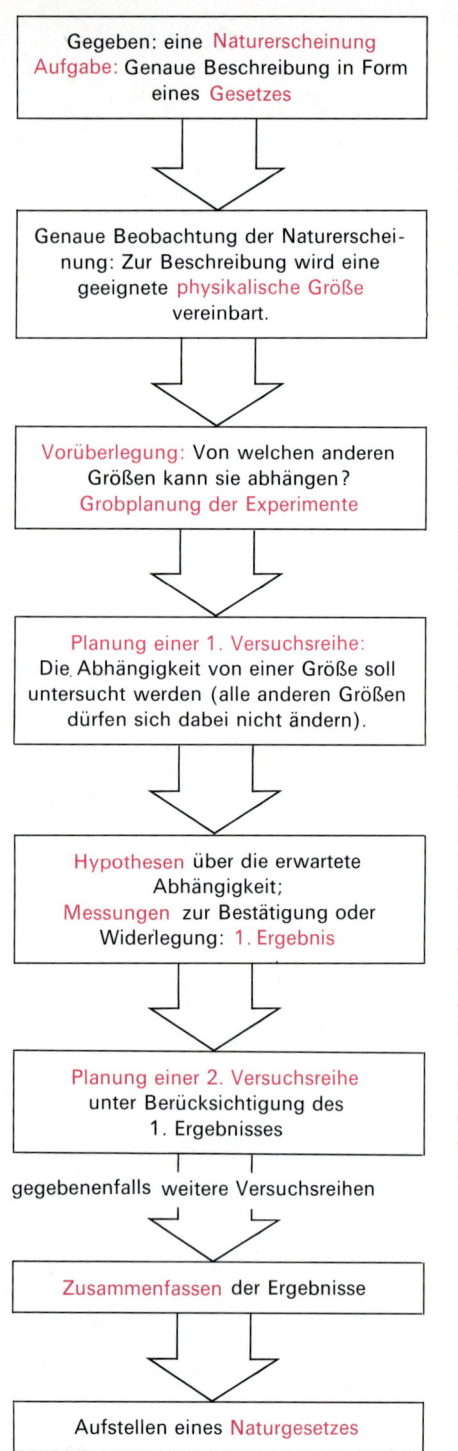

Die physikalischen Methoden, Erkenntnis zu gewinnen

Am Beispiel des Auftriebs haben wir die beiden Methoden kennengelernt, wie man in der Physik neue Erkenntnisse gewinnt:

Bei der *experimentellen Methode* werden Experimente gezielt geplant, Versuchsreihen durchgeführt und ausgewertet. Jede gewonnene Einzelaussage betrachtet man dabei für alle anderen Versuche als gültig. Aus der Zusammenfassung liest man – falls möglich – ein stets wiederkehrendes Verhalten der Natur, ein *Naturgesetz*, ab. Bei dieser Vorgehensweise kann man nur eine endliche Anzahl von Einzelfällen untersuchen. Da Einzelergebnisse verallgemeinert werden, spricht man auch von *induktiver Methode** (Tab. 84.1).

Diese Schlußweise verbürgt keine logische Sicherheit: Das Naturgesetz wird so lange als zutreffend betrachtet, als es von keiner einzigen, richtig durchgeführten Messung widerlegt wird.

Bei der *theoretischen Methode* wird aus bekannten physikalischen Gesetzen ein weiteres logisch gefolgert oder „abgeleitet". Man nennt diese Vorgehensweise auch *deduktive Methode**.

Die deduktive Methode ist fähig zu erklären; d. h. sie führt eine neue Erscheinung auf bereits bekannte Gesetzmäßigkeiten zurück. Zum Nachweis, daß die gemachten Annahmen zutreffen, sind auch hier bestätigende Experimente notwendig (Tab. 84.2).

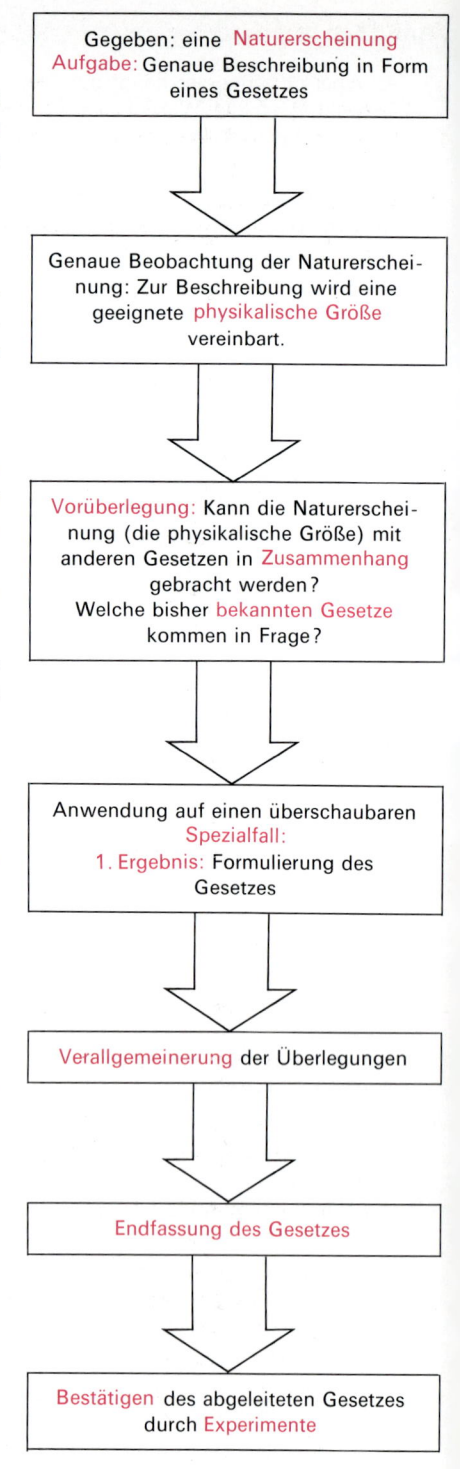

84.1 Induktive Methode

Gegeben: eine Naturerscheinung
Aufgabe: Genaue Beschreibung in Form eines Gesetzes
↓
Genaue Beobachtung der Naturerscheinung: Zur Beschreibung wird eine geeignete physikalische Größe vereinbart.
↓
Vorüberlegung: Von welchen anderen Größen kann sie abhängen? Grobplanung der Experimente
↓
Planung einer 1. Versuchsreihe: Die Abhängigkeit von einer Größe soll untersucht werden (alle anderen Größen dürfen sich dabei nicht ändern).
↓
Hypothesen über die erwartete Abhängigkeit; Messungen zur Bestätigung oder Widerlegung: 1. Ergebnis
↓
Planung einer 2. Versuchsreihe unter Berücksichtigung des 1. Ergebnisses
↓
gegebenenfalls weitere Versuchsreihen
↓
Zusammenfassen der Ergebnisse
↓
Aufstellen eines Naturgesetzes

84.2 Deduktive Methode

Gegeben: eine Naturerscheinung
Aufgabe: Genaue Beschreibung in Form eines Gesetzes
↓
Genaue Beobachtung der Naturerscheinung: Zur Beschreibung wird eine geeignete physikalische Größe vereinbart.
↓
Vorüberlegung: Kann die Naturerscheinung (die physikalische Größe) mit anderen Gesetzen in Zusammenhang gebracht werden? Welche bisher bekannten Gesetze kommen in Frage?
↓
Anwendung auf einen überschaubaren Spezialfall: 1. Ergebnis: Formulierung des Gesetzes
↓
Verallgemeinerung der Überlegungen
↓
Endfassung des Gesetzes
↓
Bestätigen des abgeleiteten Gesetzes durch Experimente

Anhang: Aufgaben zur Vertiefung der Mechanik

Zu 4.1.: Orten einer Schallquelle

1. Wenn wir z. B. einen Singvogel hören und diesen sehen möchten, drehen wir unseren Kopf etwas hin und her, um schließlich in eine Richtung zu blicken. Tatsächlich entdecken wir ihn in dieser bald.

a Was kann man vergleichend über die Schallwege vom zwitschernden Vogel bis zum linken bzw. rechten Ohr aussagen, wenn wir in Richtung des Vogels oder in eine andere Richtung schauen (Abb. 85.1)? Bei welcher Blickrichtung ist der Wegunterschied am größten? Wie orten wir also mit Hilfe unseres Gehirns eine Schallquelle?

b Der Abstand der beiden Ohren sei 17 cm. Wie lang ist die größte Zeitspanne, die zwischen der Registrierung eines Schalls mit dem linken und dem rechten Ohr verstreicht (v_{Schall} = 340 m/s)? Von welcher Größenordnung sind die Zeitunterschiede, die das Gehirn beim Orten einer Schallquelle noch erkennen muß?

c Grillen zirpen im Frequenzbereich von 2 kHz bis 6 kHz. Berechne zu f_1 = 2 kHz die Periodendauer T_1 der Schallschwingung. Vergleiche mit dem in b) berechneten Laufzeitunterschied. Wie schwingt das Trommelfell im linken und rechten Ohr, wenn man nicht in Richtung Grille sondern senkrecht dazu blickt? Lassen sich Grillen leicht oder nur sehr schwierig orten?

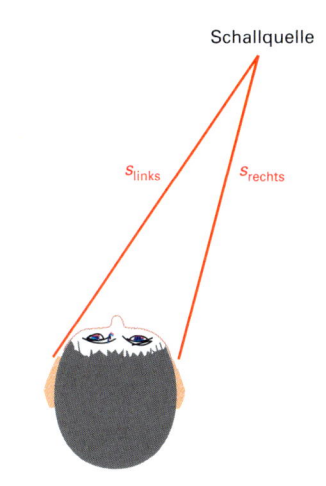

85.1 Orten einer Schallquelle: Schallwege s_{links} und s_{rechts}

Zu 4.5.: Federkombinationen

2. Eine erste Schraubenfeder (D_1 = 2,0 N/cm) ist am einen Ende befestigt. An das andere Ende wird eine zweite Schraubenfeder (D_2 = 4,0 N/cm) angehängt und an deren freiem Ende mit einer Kraft des Betrags F gezogen (Abb. 85.2).

a Mit welcher Kraft zieht die zweite Feder an der ersten Feder?

b Um wieviel verlängert sich die Federkombination, wenn mit F = 10 N gezogen wird?

c Was kann man allgemein über die Verlängerung der einzelnen Federn aussagen, wenn mit einer Kraft des Betrags F gezogen wird?

d Mit welcher Kraft muß man am Ende der Federkombination ziehen, damit sich diese um 12 cm verlängert?

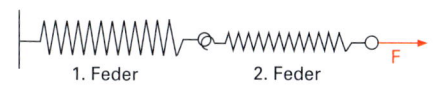

85.2 Federkombination: „Hintereinanderschaltung"

3. Jede der beiden Schraubenfedern (Abb. 85.2) ist im entspannten Zustand 35 cm lang. Durch eine Kraft des Betrags F wird die Federkombination auf die Gesamtlänge 98 cm gedehnt. Dabei verlängert sich die zweite Feder, deren Federhärte D_2 = 3,0 N/cm beträgt, um 16 cm.

a Berechne den Betrag F der Zugkraft!

b Welche Federhärte D_1 hat die erste Feder?

c Nun wird die Zugkraft so vergrößert, daß sich die Länge der Federkombination gegenüber dem entspannten Zustand verdoppelt. Verdoppelt sich dabei auch die Länge der einzelnen Federn? Berechne den Betrag F der notwendigen Zugkraft!

4. Zwei gleiche Federn (D = 0,20 N/cm) hängen nebeneinander. Jede ist 1,0 N schwer und 30 cm lang. Nun wird die zweite Feder an die erste angehängt (Abb. 85.3).

a Berechne die Gesamtlänge der Federkombination!

b Wie lang ist die Federkombination, wenn man noch einen Körper des Gewichts 2,0 N an die zweite Feder hängt?

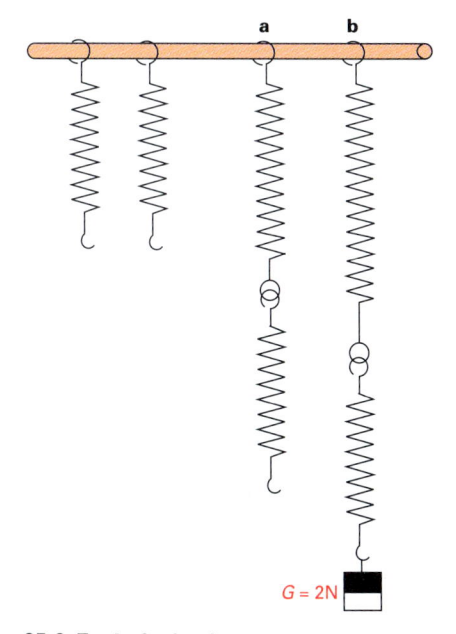

85.3 Zu Aufgabe 4

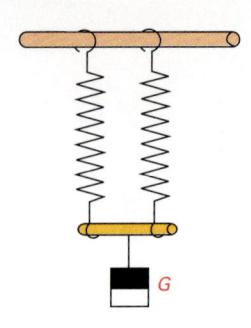

86.1 Federkombination: „Parallelschaltung"

86.2 Dehnen eines Expanders

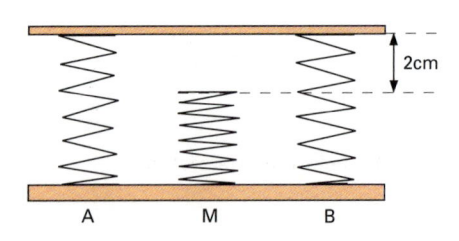

86.3 Aufbau der Polsterung

5. Zwei gleiche Federn, die durch eine Kraft von 15 N jeweils um 10 cm verlängert werden, hängen nebeneinander. Nun werden die Enden durch ein Holzstäbchen verbunden (Abb. 86.1).
a In der Mitte wird ein Körper des Gewichts $G = 15$ N gehängt. Warum senkt sich das Holzstäbchen nicht um 10 cm?
b Um wieviel senkt es sich, wenn man einen Körper des Gewichts $G = 27$ N anhängt?
c Mit welcher Kraft muß man in der Mitte des Holzstäbchens nach unten ziehen, damit es sich um 13 cm senkt?

6. Hängt man an eine Schraubenfeder einen Körper des Gewichts 6,0 N, so dehnt sie sich um 5,0 cm.
a Berechne die Federhärte!
b Ein Expander enthält fünf solche Federn (Abb. 86.2). Mit welcher Kraft muß man an ihm ziehen, damit er sich um 60 cm verlängert?

7. „Ein Polsterstuhl für Leicht- und Schwergewichtler"
Die Polsterung eines Stuhls ist, wie in Abb. 86.3 dargestellt, aufgebaut: Wirkt eine Kraft auf die Sitzfläche, so werden zunächst die beiden äußeren Federn A und B mit den Federhärten $D_A = D_B = 200$ N/cm zusammengedrückt. Erst wenn eine Person schwer genug ist, wird die mittlere Feder M (Federhärte $D_M = 400$ N/cm) beansprucht.
a Welches Gewicht muß eine Person haben, damit die Sitzfläche gerade die mittlere Feder M berührt?
b Um wieviel senkt sich die Sitzfläche, wenn eine Person von 700 N Platz nimmt?
c Wie schwer ist eine Person, wenn sich die Sitzfläche um 2,5 cm senkt?
d Berechne zu $s = 0$ bis 3,5 cm in 0,5-cm-Schritten die F-Werte und zeichne ein F-s-Diagramm!
e Löse grafisch: Ein Schwergewichtler des Gewichts 1111 N setzt sich auf den Stuhl. Um wieviel senkt sich die Sitzfläche?

8. „Schulaufgabenhärte"
Stell' dir vor, du erhältst in der Physikschulaufgabe einen Kraftmesser „und sonst gar nichts". Eine Aufgabe besteht darin, die Federhärte D der eingebauten Schraubenfeder zu bestimmen. Wie würdest du vorgehen?

Zu 4.6.: Anwendungen des Kräfteparallelogramms

9. *Tragen einer Tasche*
Anna und Bruno tragen gemeinsam eine schwere Tasche ($G = 150$ N), die verschlossen ist, also nicht auseinanderklafft.
a Wie müssen beide anpacken, damit jeder gerade die Hälfte des Taschengewichts zu tragen hat?
b Da Anna und Bruno verschieden groß sind, wählen beide eine bequemere Trageart. Dabei bildet Annas Arm mit der Vertikalen einen Winkel von 45°, Brunos Arm einen Winkel von 30°. Welche Kraft F_A muß nun Anna, welche Kraft F_B Bruno aufbringen?
c Muß bei bequemer Trageart die größere oder die kleinere Person die größere Kraft aufwenden?
d Unter welchem Winkel zur Vertikalen verlaufen die Arme der beiden, wenn jeder gerade eine Kraft des Betrags g aufbringt?
e Ist es möglich, daß jeder sogar eine größere Kraft als das Gewicht der Tasche aufwenden muß?

10. *Das antriebslose Fahrzeug*

Das Dreieck ABC ist aus drei Stäben von vernachlässigbarem Gewicht aufgebaut: $\overline{AB}$ = 100 cm, $\overline{AC}$ = 60 cm, $\overline{BC}$ = 80 cm. An C hängt ein Körper des Gewichts G = 250 N. Unter A und B sind die Räder angebracht (Abb. 87.1).
a Zerlege $\vec{G}$ im Punkt C in Komponenten $\vec{F}_{CA}$ und $\vec{F}_{CB}$, die in Richtung der Stäbe CA und CB wirken!
b Zerlege die in Richtung des Stabes CA wirkende Kraft $\vec{F}_{CA}$ im Punkt A in Komponenten in Richtung von AB und in Richtung des Stabes, der zum Rad führt. Führe die entsprechende Konstruktion mit $\vec{F}_{CB}$ im Punkt B aus!
c Vergleiche die Kräfte, die in A und B auf den Stab AB wirken. In welche Richtung bewegt sich also das Fahrzeug?
d Das Fahrzeug wird auf eine Waage gestellt. Es drücken die Räder auf diese. Wieviel zeigt die Waage an? (Gewicht der Räder vernachlässigen!)

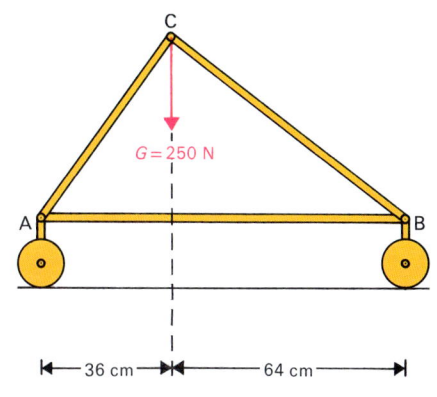

87.1 Antriebsloses Fahrzeug

11. *Der Straßenkran*

Abb. 87.2 zeigt den vereinfachten Aufbau eines Straßenkrans. Die Längen der Streben betragen $\overline{AB}$ = 4,0 m, $\overline{BC}$ = 8,0 m. Das Seil AC ist 10,0 cm lang. Das Eigengewicht der Kranteile soll vernachlässigt werden. Am Kran hängt ein Körper des Gewichts G = 40 kN.
a Zerlege $\vec{G}$ im Punkt C in Komponenten $\vec{F}_{CA}$ und $\vec{F}_{CB}$!
b Zerlege $\vec{F}_{CB}$ im Punkt B in Komponenten in Richtung von AB und in Richtung des Stabes, der zum Rad führt!
c Damit der Kran nicht kippt, ist in A ein Gegengewicht G' angebracht. Wie groß muß G' sein, damit die Auflagekraft des Rades unter A gerade Null ist?
d Mit welcher Kraft drückt das Rad unter B auf den Boden? Vergleiche sie mit G und G'!

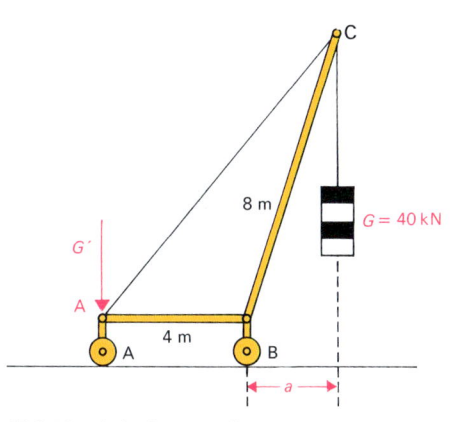

Zu 4.7. bis 4.9.: Hebel und Rollen mit und ohne Eigengewicht

12. *Der belastete Meterstab*

An einem waagrechten Meterstab des Eigengewichts G = 3,0 N hängt bei der 20-cm-Markierung ein Körper des Gewichts F_1 = 4,0 N, bei der 30-cm-Markierung einer des Gewichts F_2 = 6,0 N und bei der 70-cm-Markierung einer des Gewichts F_3 = 7,0 N. Der Meterstab ist zunächst in der Mitte unterstützt (Abb. 87.3).
a In welche Richtung würde er sich drehen?
b Mit welcher Kraft muß man das Ende halten, damit er sich nicht dreht?
c Wo müßte man ihn mit einer Kraft des Betrags 2,5 N halten?
d Der Meterstab wird nun bei der 40-cm-Markierung unterstützt. In welche Richtung würde er sich jetzt drehen? Mit welcher Kraft muß man ihn am Anfang halten, damit er sich nicht dreht?
e Bei welcher Markierung müßte man den Meterstab unterstützen, damit er von selbst im Gleichgewicht ist?

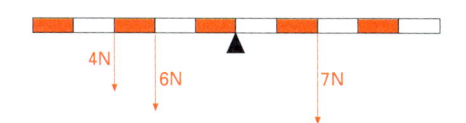

87.2 Vereinfachter Aufbau eines Straßenkrans

87.3 Der belastete Meterstab

13. *Die folgsame und unfolgsame Fadenrolle* (Abb. 87.4)

Nimm eine Fadenrolle, und ziehe am Fadenende einmal in waagrechte und einmal in senkrechte Richtung.
a Beschreibe die unterschiedlichen Beobachtungen!
b Versuche durch Ziehen am Faden, diejenige Richtung herauszufinden, bei der die eine Art des Verhaltens in die andere übergeht. Betrachte den Auflagepunkt als Drehpunkt, und erkläre das Verhalten der Fadenrolle!

87.4 Fadenrolle

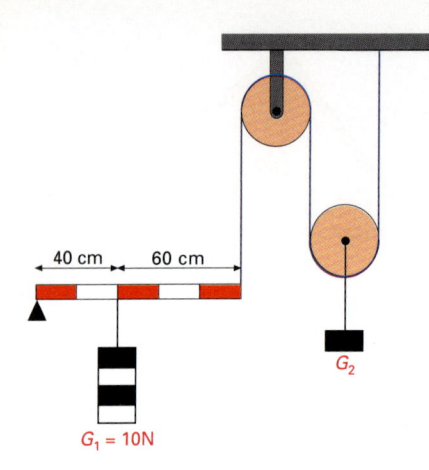

14. *Hebel-Flaschenzug-Kombination*
Die in Abb. 88.1 dargestellte Kombination eines Hebels mit einem Flaschenzug ist im Gleichgewicht.
a Das Gewicht des Hebelstabes und der Rollen sei vernachlässigbar. Bestimme G_2!
b Jede Rolle hat ein Gewicht von $G_R = 1{,}0$ N. Das Gewicht des Hebelstabes sei vernachlässigbar. Bestimme G_2!
c Der Hebelstab hat ein Gewicht von $G_H = 2{,}0$ N, jede Rolle hat ein Gewicht von $G_R = 1{,}0$ N. Bestimme G_2!

88.1 Hebel-Flaschenzug-Kombination

Zu 5.1. und 5.2.: „Wiegen und gewogen werden"

15. *Der vergeßliche Astronaut*
Ein Astronaut landet im Jahr 2100 auf einem Planeten. Er hat einen Kraftmesser mit dem Meßbereich 10 N und eine Balkenwaage bei sich. Leider hat er aber bis auf das Wägestück mit der Aufschrift 500 g alle anderen Wägestücke des Wägesatzes beim Start vergessen.
a Er hängt das Wägestück an den Kraftmesser und liest 1,9 N ab. Auf welchem Planeten ist er gelandet?
b Schließlich findet er einen interessanten Stein. Beim Anhängen an den Kraftmesser muß er aber feststellen, daß das Gewicht des Steins den Meßbereich überschreitet. Nach einigem Nachdenken gelingt es ihm aber trotzdem, ein Verfahren zur Bestimmung des Gewichts des unversehrten Seins zu finden. Er erhält $G = 15$ N. Wie könnte er vorgegangen sein?
c Würde der Meßbereich des Kraftmessers zur Bestimmung des Gewichts des Steins auf dem Mond ausreichen? Welche Wägestücke würden dem Stein auf der Balkenwaage auf dem Mond das Gleichgewicht halten?

16. *Laufgewichtswaage*
Abb. 88.2 zeigt den vereinfachten Aufbau einer Laufgewichtswaage. Beim Wiegen verschiebt man einen Körper auf einem in Gramm geeichten Waagbalken, bis Gleichgewicht herrscht.
a Erkläre die Wirkungsweise!
b Häufig trägt der Waagbalken sogar zwei oder mehrere Laufkörper mit getrennten Skalen. Warum?
c Bei einer Küchenwaage geht die 15 cm lange Skala des kleinen Laufkörpers in 5-g-Schritten von 0 bis 500 g und die 24 cm lange Skala des großen Laufkörpers in 0,5-kg-Schritten von 0 bis 12 kg. Gib die Meßgenauigkeit und den Meßbereich dieser Waage an. Was kann man über die Massen der beiden Laufkörper aussagen?
d Gilt die in Gramm geeichte Skala auch auf dem Mond? Begründung!

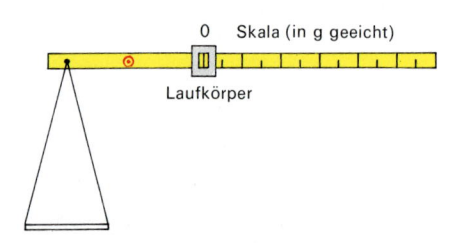

88.2 Vereinfachter Aufbau einer Laufgewichtswaage

Zu 5.3.: Stoffbestimmung

17. *Die Silberkette*
Silberschmuckstücke sind Legierungen (Mischungen) aus Silber und Kupfer. Der Gehalt an Silber wird häufig in Promille angegeben. In einer Silberlegierung vom *Feingehalt* 800 sind 800‰ = 800/1000 der *Masse* reines Silber und 200‰ = 200/1000 Kupfer. 100 g einer solchen Legierung enthalten also 80 g Silber und 20 g Kupfer.

a Welche Dichte hat die Silberlegierung vom Feingehalt 800? (Hinweis: Berechne das Volumen des Silber- und des Kupferanteils einer Legierung der Masse 100 g.)
b Auf einer Silberkette ist der Stempelaufdruck, der den Feingehalt angibt, unleserlich geworden. Wie würdest du die Masse m_K und das Volumen V_K der Kette möglichst genau messen?
c Die Messung ergibt: m_K = 101 g und V_K = 10,0 cm³. Besteht die Silberkette aus reinem Silber, aus einer Silberlegierung vom Feingehalt 800 oder aus einer Legierung von niedrigerem oder höherem Feingehalt?

18. *Alkoholgehalt*
Der Alkoholgehalt in einer Mischung aus Alkohol und Wasser wird in Prozent angegeben. Z. B. in Cognac vom Alkoholgehalt 40% sind 40% = 40/100 des *Volumens* reiner Alkohol und der Rest Wasser.
a Betrachte eine Mischung vom Volumen 100 cm³. Berechne zum Alkoholgehalt 0%, 20%, 40%, 60%, 80%, 100% jeweils das Volumen des Alkoholanteils, das Volumen des Wasseranteils, dann die Massen der einzelnen Anteile und schließlich die Dichte der Mischung ($\varrho_{Alkohol}$ = 0,80 g/cm³)!
b Zeichne ein Alkoholgehalt-Dichte-Diagramm!
c Bier hat normalerweise einen Alkoholgehalt von 5%. Löse grafisch und rechnerisch: Welche Dichte hat Bier?
d Eine Flasche enthält 0,7 l Rum zum Backen. Die Masse des Rums beträgt 588 g. Welchen Alkoholgehalt hat er?

Zu 6.2.: Das hydrostatische Paradoxon

19. Ein würfelförmiges Gefäß, das innen eine Kantenlänge von 10 cm aufweist, ist unten offen. Außerdem besitzt es in der Deckfläche ein Loch der Querschnittsfläche 1 cm², auf dem ein Rohr aufgesetzt ist. Damit die Anordnung mit Wasser gefüllt werden kann, drückt der linke Arm einer Balkenwaage einen Boden gegen die Würfelöffnung. Das Wasser steht im Rohr 1,00 m hoch (Abb. 88.1).
a Betrachte die Wassersäule der Querschnittsfläche 1 cm², die vom Wasserspiegel im Rohr bis zum Boden des würfelförmigen Gefäßes reicht, und berechne den Druck am Boden. Welche Kraft F_B ruft das Wasser auf den gesamten Boden hervor?
b Welche Masse müssen die Wägestücke auf der rechten Waagschale haben, damit Gleichgewicht herrscht?
c Welches Gewicht G hat das gesamte Wasser in der Anordnung? Welches überraschende Ergebnis bringt der Vergleich der Kräfte von a) und c)?
d Welcher Druck herrscht in der Höhe der Deckfläche des Würfels? Welche Kraft F_D ruft dieser insgesamt auf die Deckfläche hervor? (Beachte das Loch!) Erkläre nun die „Überraschung" von c), das hydrostatische Paradoxon!

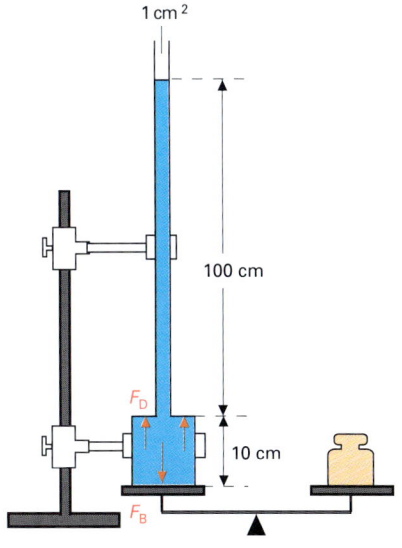

89.1 Versuchsaufbau zum hydrostatischen Paradoxon

Zu 6.3.: Der Wasserspiegel

20. *„Orangensaft on the Rocks"*
In einem bis zum Rand mir Orangensaft gefülltem Trinkglas schwimmen Eiswürfel. Diese ragen aus der Wasseroberfläche heraus. Läuft das Glas über, wenn die Eiswürfel schmelzen?

21. *Der Mann im Kahn*

Auf einem sehr kleinen Teich schwimmt ein großer Kahn. In diesem befinden sich ein Mann, ein Baumstamm und ein Stein. Der Kahn taucht sehr tief ein. Sinkt der Wasserspiegel, bleibt er unverändert oder steigt er, wenn der Mann

a den Baumstamm ins Wasser wirft,   *gleich*
b den Stein ins Wasser wirft,   *sinkt*
c schließlich selbst ins Wasser springt und untergeht?   *sinkt bis gleich*

Worterklärungen

Akkumulator vom lat. accumulare, anhäufen
Akustik vom griech. akuein, hören
Amplitude vom lat. amplitudo, Weite
Aräometer vom griech. araios (schmal, dünn) und metrein (messen)
Atom vom griech. atomos, unteilbar
bar vom griech. barys, schwer
Barometer vom griech. barys (schwer) und metrein (messen): Schweremesser
camera vom lat. camera, Kammer
camera obscura vom lat. camera (Kammer) und obscura (dunkel): dunkle Kammer
Cartesischer Taucher nach dem franz. Mathematiker und Philosophen Réne Descartes (1596 – 1650)
deduktiv vom lat. deducere, ableiten
Diagramm vom griech. dia (durch) und graphein (schreiben): Durchschrift
Diode vom griech. dia (durch) und hodos(Weg): Durchgang
Drehmoment vom lat. momentum (Bewegkraft): Bewegkraft der Drehung
Echo in der griechischen Mythologie eine Nymphe, die auf Grund ihrer Geschwätzigkeit zur Strafe nur die Fähigkeit behielt, das letzte Wort anderer zu wiederholen
Elektrode vom griech. hodos (Weg): Stromweg
Elektron vom griech. elektron, Bernstein (Namensgebung auf Grund der Berührungselektrizität zwischen Bernstein und Wolle oder Pelz)
Frequenz vom lat frequens, häufig, zahlreich
Fotografie vom griech. phos (Licht) und graphein (malen): Lichtbild
Generator vom lat. generare, erzeugen
Gravitation vom lat. gravis, schwer

homogen vom griech. homos (gleich) und genos (Art): gleichartig
induktiv vom lat. inducere, hineinführen
infra vom lat. infra, unterhalb
Isolator vom ital. isola, Insel
Komponente vom lat. componere, zusammensetzen
konstant vom lat. constare, feststehen
Lupe vom franz. loupe, Vergrößerungsglas
Magnet nach der Stadt Magnesia
Manometer vom griech. manos (dünn) und metrein (messen): Dünnemesser
Mechanik vom griech. mechane, Maschine
Meter vom griech. metrein, messen
Mikrofon vom griech. mikros (klein) und phone (Stimme)
Modell vom lat. modulus, Maß, Maßstab
Molekül vom lat. molecula, kleine Masse
normal vom lat. normalis, nach dem Winkelmaß
Objektiv vom lat. obiectus, entgegengestellt, davor liegend
Oktave vom lat. octavus, der achte
Optik vom griech. optikos, das Sehen betreffend
Oszilloskop vom lat. oscillare (schwingen) und griech. skopein (betrachten)
Periode vom griech. periodos, Umlauf
Phonograph vom griech. phone (Stimme) und graphein (malen): Stimmenschreiber
Physik vom griech. physis, Natur
proportional vom lat. proportio, Verhältnis
Recycling vom lat. re (wieder) und cyclus(Kreislauf): wieder dem Kreislauf zuführen
Relais vom franz. relais, Ablösung, Wechselstelle
Sekunde vom lat. sekundus, der zweite: zweite Unterteilung der Stunde

Sirene nach dem Namen der sagenhaften, betörend singenden Meerjungfrauen aus Homers „Odyssee"
Solar- vom lat. sol, Sonne
Stratosphäre vom lat. stratum (Schicht) und griech. sphaira (Kugel): Kugelschicht
Tachometer vom griech. tachos (Schnelligkeit) und metrein (messen): Schnelligkeitsmesser
Troposphäre vom griech. tropos (Art, Charakter) und sphaira (Kugel)
ultra vom lat. ultra, jenseits
Vektor vom lat. vector, Fahrer, Träger

Zeichenerklärungen

Brennpunkt F, Brennweite f vom lat. **f**ocus, Feuerstelle
Dichte ρ, kleiner griech. Buchstabe Rho
Drehmoment M vom lat. **m**omentum, Bewegkraft
Druck p vom engl. **p**ressure, Druck
Fläche A vom engl. **a**rea, Fläche
Geschwindigkeit v vom engl. **v**elocity, Geschwindigkeit
Kraft F vom engl. **f**orce, Kraft
Ortsfaktor g nach dem ital. Physiker **G**alilei (1564 – 1642)
Weg s vom engl. **s**pace, Raum
Zeit t vom engl. **t**ime, Zeit

Vorsilben von Einheiten

Mikro …	= µ …	= 0,000 001 …
Milli …	= m …	= 0,001 …
Zenti …	= c …	= 0,01 …
Dezi …	= d …	= 0,1 …
Hekto …	= h …	= 100 …
Kilo …	= k …	= 1 000 …
Mega …	= M …	= 1 000 000 …

Sachverzeichnis

abgeleitete Größe 46
Akkumulator 12
Akustik 24
Amplitude 26
Aräometer 82
Atom 22
Atomkern 22
Auftrieb 79

Balkenwaage 67
Barometer 77
Basisgröße 46
Batterie 12
beschleunigte Bewegung 41
Bildhöhe 9
Bildweite 9
Brennpunkt 8
Brennweite 8

camera obscura 6
Cartesischer Taucher 83

deduktive Methode 84
Dichte 68
Diode 21
Drehmoment 54
Druck 73

elastische Verformung 47
Elastizitätsgrenze 47
Elementarmagnete 18
elektrische Ladung 21
elektrischer Schlag 12
– Strom 12
Elektrizität 12
Elektroden 13
Elektromagnetismus 19
Elektron 21 f.
Elektronenhülle 22
Ersatzkraft 50

Fadenpendel 26
Fahrrad 57
Federkonstante 48
feste Rolle 60
Flaschenzug 60
Frequenz 28

Gegenstandshöhe 9
Gegenstandsweite 9
Geschwindigkeit 36
Gesetz des Archimedes 81
Gewichtsdruck 75
Gewichtskraft 41, 62
Gleichstromquelle 15
Glimmlampe 14
Gravitation 64
Grundton 32

Hangabtriebskraft 52
Hebel 54
Hebelarm 54, 56
Hebelgesetz 55 f.
Hertz 28
Hochdruckgebiet 77
Hooksches Gesetz 49

Infraschall 32
Isolator 13

Kraftmessung 45
Kraftpfeil 42
Kraftzerlegung 52
Kräftegleichgewicht 43 f.
Kräfteparallelogramm 51
Kräftezusammensetzung 51
Kurzschluß 16

Lautsprecher 20
Leiter 13
Lichtbündel 6

Lichtstrahlen 7
Lochblende 6
Lochkamera 6 ff.
Lochsirene 32
lose Rolle 60
Luftdruck 77

Magnete 18
Magnetkraft 41
Magnetpole 18
Masse 65
Meßfehler 27
Minuspol 14
mittlere Geschwindigkeit 39
Molekül 22
Momentangeschwindigkeit 39
Momentengleichgewicht 56
Muskelkraft 41

Newton 45
Nordpol 18
Normalkraft 52

ODER-Schaltung 16
Oktave 32
optische Achse 8
Ortsfaktor 66
Oszilloskop 30

Periodendauer 26
plastische Verformung 47
Pluspol 14
Pol 12
proportional 37

Reibungskraft 41
Relais 20
Rolle 59

Sammellinse 8
Schall 24 ff.

Schallarten 30
Schallaufzeichnung 32
Schaltbild 13
schiefe Ebene 52
Schubkräfte 52
Schweredruck 75
Schwerelosigkeit 62
Schwerkraft 41, 62
Schwerpunkt 58
Schwimmen 82
Schwingung 24
Sekunde 28
Solarzelle 12
Stempeldruck 73
Stoffbestimmung 69
Stromkreis 13
Stromquelle 12
Südpol 18

Tiefdruckgebiet 77
Ton 30
Tonleiter 32
Trägheit 41
Trägheitsgesetz 41

Überdruck 78
Ultraschall 32
UND-Schaltung 16
Urkilogramm 65

Vektor 51

Wärmewirkung des Stroms 17
Wechselschaltung 16
Wechselstromquelle 15
Wellrad 57
Wirklinie 56

Zeit-Weg-Diagramm 36
Zugkräfte 52

Bildnachweis

Bach Superbild, Grünwald: 33.4 – Bavaria Verlag, Gauting: 74.1 – Bernsen's International Press Service, Hamburg: 42.3 – Bruce Colemann Ltd., Uxbridge/Middlessex: 40.2 – Demag, Wetter/Ruhr: 20.1 – Deutsches Museum, München: 6.1, 29.1 + 2, 33.1, 77.1 – Rainer Feuerlein/Dr. Helmut Näpfel, Fürth: 10a + b, 12.3, 13.1, 14.1 + 2, 15.2, 17.3 + 4, 18.1 – 3, 20.2, 21.2, 22.1, 24.1 + 2, 30.2, 32.2, 55.1 – 3, 58.2 + 3, 61, 66.1, 68.1 + 2, 76, 78.2, 79.1 – 3, 80.2, 87.4 – Gruner + Jahr Verlag, Hamburg: 33.2 (Pasieka) – IFA-Bilderteam, Taufkirchen: 23 (Ostgathe) – IVB-Report, Heiligenhaus: 41.2 – Johann Jilka, Altenstadt: 15.3 – Bildagentur Mauritius, Mittenwald: 35 (fm), 36.1 (Leser) – Onkyo Deutschland GmbH, Germering: 20.3 – Physikalisch-Technische Bundesanstalt, Braunschweig: 28.1, 46.3, 65.2 – M. Schneider, VS-Schwenningen: 74.2 – Alfred Schulz, Sonthofen: 71 – Alfred Teves GmbH, Frankfurt: 72.1 + 3 – TSW Tony Stone Worldwide Bildagentur, München: 5, 11 – Ullstein Bilderdienst, Berlin: 54.1 – U.S.I.S. Bonn: 63, 66.3, 67.1 – VARTA, Hannover: 12.1 + 2 – Wendelsteinbahn GmbH, Brannenburg: 53.2 – Zefa, Düsseldorf: Umschlag (Stockmarket), 43.1, 83.4 – Carl Zeiss, Oberkochen: 41.3